増補改訂版

「裏モノJAPAN」編集部[編]

目から ウロコの SEX テクニック

誰でも大好きなセックスだけど
みんな本当に心の底から
んだろうか?
にフリしてる女
スとは

でお願いします

JN102578

鉄人文庫

女は温かい舌でクンニされたがっているらしい

漫画 ☞ サレンダー橋本

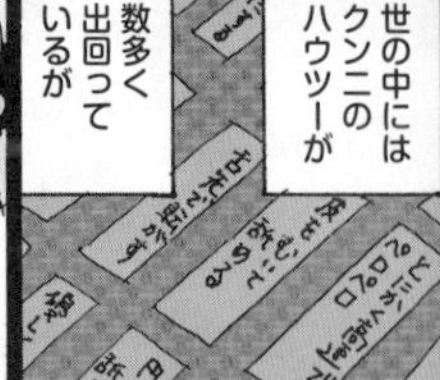
世の中には
クンニの
ハウツーが
数多く
出回って
いるが

こんなもん
要らん
小難しく考える
必要はない
フツーに舐める
だけで女を
とろかせる
クンニ法が
あるのだ

ヒントは
これだ
温度

実は女性器には
「温めると感度を増す」
という持性がある
極楽
極楽

そこで…
あちち

お待
たせー
ゴク

ん！温かい！
ピト

やだ
超キモチ
イイイ

白湯を飲んでは
舐め
飲んでは
舐めを
繰り返す
のがコツだ
よし
チャージ
完了
はやく
再開して～

唇がローターのように震える「う〜〜」攻撃

漫画☞室木おすし

クリトリスってのは意外と面倒くさいやつだ
うふ〜ん

ぐりぐり
指でちょっと強めに刺激すれば
もう痛いわねやめてよ

ペロペロ
かといって舌技を使っても…
あん、悪くないけどなんか物足りないかも

この生意気な部位をヒーヒー言わせるにはどうすれば？
ホラホラはやく気持ちよくしなさい！

パクリ
絶品クンニを教えよう
まずはクリトリスを優しく唇で挟む
きゃ

ノドを振動させる要領で「うー」と低い声を出す
う〜
そしてこの振動は…
えええ？

う〜
ダイレクトに唇へ。さらにクリにも伝達する
え、え、え？

う〜
この微細なバイブレーションと舌技を併用すれば
や、やばいチョー気持ちいいんだけど〜

うひ〜
どんな手強いクリちゃんでも圧勝というわけだ
イック〜〜!!

クリ、会陰、穴、アナル。必殺4点攻めはアゴを使う

漫画☞今井のりたつ

性感帯の複数同時攻めはセックステクニックの基本中の基本だ
あーん
最高おお!
これから紹介するワザはその究極形態である
こいつを会得すればどんな女もイチコロじゃ!
まずポジショニングはこう
69

続いてアゴをクリトリスの上にそっと固定する

ぴとっ

そしてクリを圧迫するようにやさしく刺激するべし

ああ～ん

その動きを持続しつつ今度は舌を会陰へ

ぬちっ

会陰とは膣口と肛門のちょうど中間地点にある性感帯じゃ

ぬっち

さらに右手は膣口へ
グチュッ

ヌプッ

最後に左手でアナル周辺を攻撃じゃ

サワ

サワ

これぞ秘技「必殺4点攻め」!
あっ
はっ
きゃあああ
頭がおかしくなりそう!
じゅる
じゅる

舌先ツンツンしてませんか?AV男優が本気でイカせるときのクンニ技

漫画 ☞ 子原こう

皆さんはクリ舐めのとき

舌を尖らせてみたり
高速で動かしたりしていませんか?

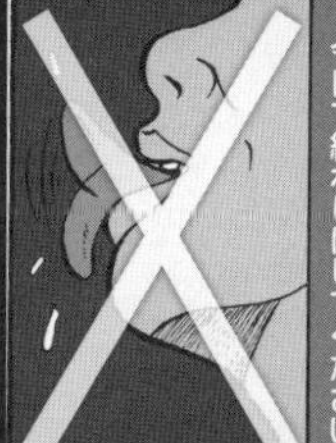
そんなクンニは
今日で終わりにしてください

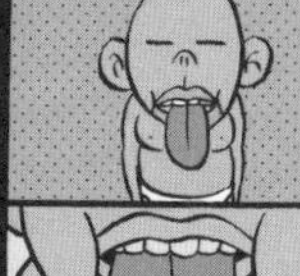
最も効果的なのが
舌の力を抜いて
柔らかい舌を
「面」であてながら
ココを使う

一定のリズムで舐め続ける
ペロ ペロ ペロ
ああ…

途中で緩急を付けた方がいいのでは?
と思いがちですが
ぺろ ぺろ ぺろ

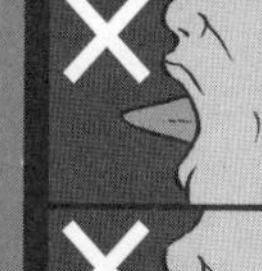
舌先を尖らせたり、舐める
スピードを変えてはいけません

我慢して最初から最後まで
舌は柔らかいまま、一定のスピードで

これがAV男優のクンニです
イクっ、
イクっ〜

この意外性に勝るものなし！ホテルへinと同時にセックスの手順を崩せ

漫画☞丸岡 巧

HOTEL
やだ～
きっと玄関で すぐキスして そのまま おっぱい揉まれる みたいな感じ なんだろうなぁ
この鉄板の流れ 当然オンナは予想している
ガチャ

そいつを裏切ることの効果は絶大だ
え!?
ちょっ…
うそ!? お風呂入ってないのに…あァン
くちゅ
ぴちゃ
レロレロォ

即立ちクンニ それも思いっきり本気のやつをお見舞いしてやる
こんなところで…ダメェ!
あぁん
この体勢だとクリトリスが勃起しやすいという利点もある
血が集まってくるというか
いいことずくめだ

鏡の前でフェラやバック。それってあんまり辱め効果がありません

漫画☞くみハイム

HOTEL

ねえねえ、鏡の前行こうよ
もぉ

ニヒヒ、洗面台の鏡前で、何をさせるのがいいでしょうか？

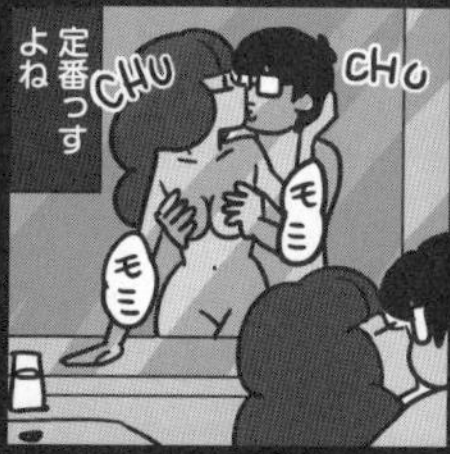
定番っすよね
CHU
CHU
モミ
モミ

これも定番
じゅぽ
じゅぽ
ずぷっ
アン
アン
ずぷっ
視覚効果抜群っすよね
でも正解は
イグ
あん、恥ずかし
ビクン
クンニれふ。レロレロ
あん、いや、あん
れろれろろれろれろ！
（自分が舐められてる姿ってのはなかなか見れないですからね！）
れろ
れろ
れろ

ローターと綿棒を使った秘技クリ挟み

漫画☞シライカズアキ

女の性感帯と言えば
やはりクリトリスだ

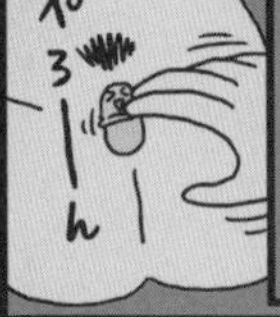
どうやって
愛撫するか?
ぺろーーん

オレの答えは

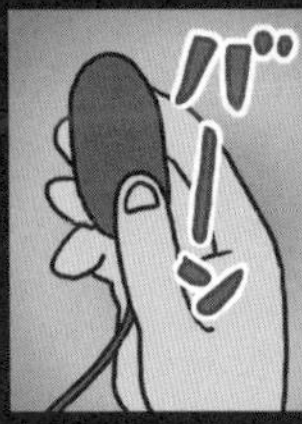
バーーン

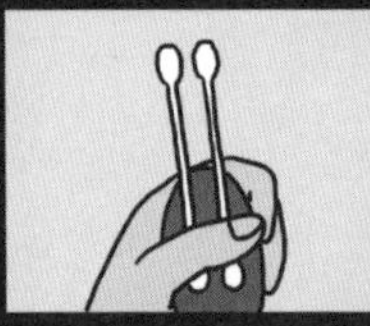

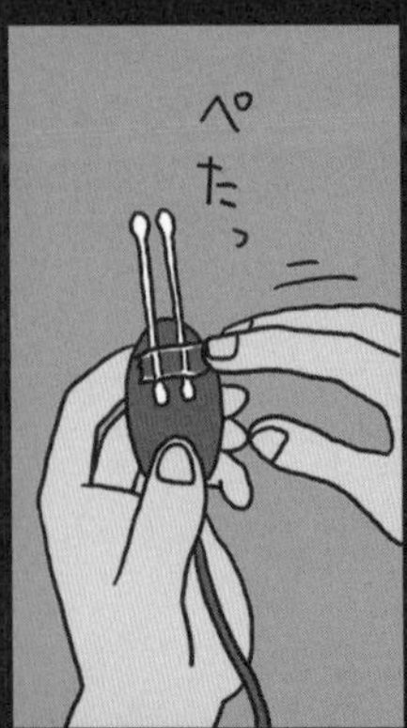
ぺたっ

バカじゃないのと
思うなかれ
?

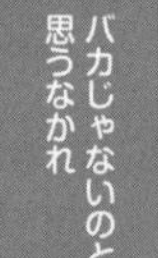
これがよく効く

ぶくっ
ブブブ
ブブ
あぁぁぁぁぁ

ブブブ
ブブブ

随時、綿棒は
取り替え

ぴっ

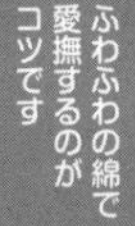
ふわふわの綿で
愛撫するのが
コツです

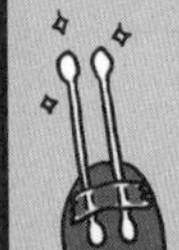

パンツ越しオナニーに慣れてる子はクリの直タッチを痛がる

漫画☞シライカズアキ

理由は女のオナニーにある
ん…
もぞもぞ

最初はこうでも
あーん
ぐりぐり

脱がせば直接クリを愛撫してしまうもの
ぐりぐり

もちろん挿入中もだ
パンパン
ア

しかしこれ実は痛がられていることが多い
いてててて

こんな感じで楽しんでいるため布越しに慣れているのだ
さわさわ

だから全裸になってからも
キョロキョロ

スルッ
?
←タオル

ぐり
ぐり

タオルを使うとよろしい
あ～ん

潮吹きは気持ちよくない。肝心なのはその先だ

漫画☞室木おすし

ズドドドドド
あんやばい
何か出そう

いや～ん
うおっ

ふふふ
たっぷり
出したなあ
天界
うぬ～ボンクらめ

こりゃ！
お前は女が
潮を吹けば
絶頂したと
勘違いしとる
じゃろ
へっ、違うの？

潮吹きは
尿漏れと同じで
男の射精とは
違うんじゃ
子宮
膀胱
はあ

無知なお前に
正しい潮吹き
プレイを教えて
やるわい
はい
潮を吹くときも
女はそれなりに
気持ちいい
もんじゃが
あんあん出るぅ

それは絶頂の前段階に
過ぎない。だから潮を
吹いた後もとにかく
手マンを続けるん
じゃや
だめ、
イッちゃう～～！
おかしくなっちゃう～
子宮
ぐりぐり

さすればホレ
失神すれすれの
大絶頂を味わ
うわけよ
ほお
うう～
気持ち
よすぎて
死ぬ～

では
さらばじゃ
あなたって
最高
うう……

イキやすくするため存分にオナニーさせる方法

漫画☞室木おすし

ご存知のとおり女は一度イクと
イク イク！
快感のスイッチが入り体がイキやすくなります
またイク イッちゃう！
お前ってスケベだなぁ
問題は女がイク演技をしがちなことです
あー イクイク
オラ オラー
はあ… 全然気持ちよくないんだけど…
これではいつまでたっても快感スイッチ入りませんね
あんあん
何か盛り上がらんなぁ
確実にスイッチを入れる方法を教えましょう
自分の気持ちいいとこに当ててごらん
ブーン
う、うん

こうしたら恥ずかしくないでしょ 思い切りイキな
バサ
…あ、あん

男の目を気にせず思う存分オナニーできるのですから
あ〜
あっあっ

確実に絶頂するワケです
イケた〜？
最高…

こうなればこっちのもの
ぎゃああ イクッ！
ペロペロ

またイク おかしくなりそう！
この方法前戯の嫌いな男性にも打ってつけです
いきなり挿入してもこの感じっぷり
ふあああ

足ピンでしか イケない女には この体位でフィニッシュ

漫画☞なかむらみつのり

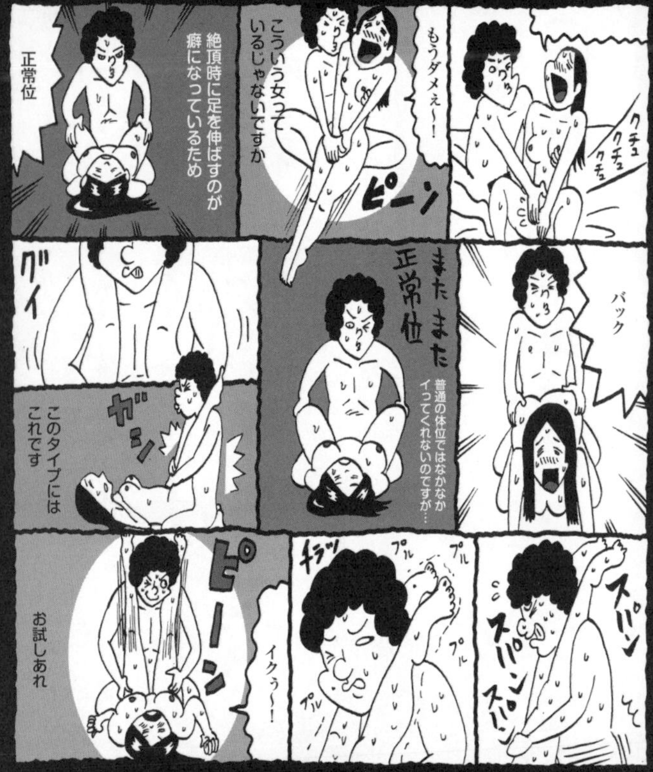
もうダメぇ〜!
クチュ
クチュ
クチュ
こういう女っているじゃないですか
ピーン
絶頂時に足を伸ばすのが癖になっているため
正常位
バック
またまた正常位
普通の体位ではなかなかイってくれないのですが…
グイ
このタイプにはこれです
ガシッ
スパン
スパン
スパーン
チラッ
プル
プル
プル
プル
イクぅ〜!
ピーン
お試しあれ

使うは指4本。クリ派への手マンはこんなに簡単だった

漫画 ☞ 子原こう

クリ攻めは
これだけで十分です
トロ～
この4本を使って

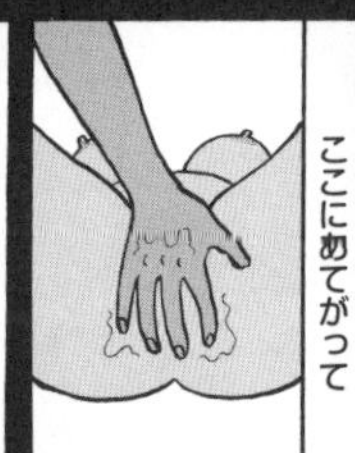
ここにあてがって

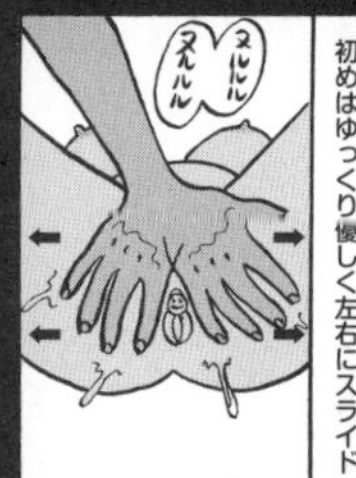
初めはゆっくり優しく左右にスライド
ヌルルル
ヌルルル

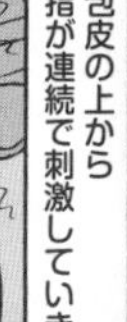
包皮の上から
指が連続で刺激していき

ヌルルルルン
ああ…

感じてきたら
ああ～ん、
気持ち
いい～
ピチャ
ピチャ

スピードアップ
あ～
ヤバい
ヤバい

イッちゃう
イッちゃう

女の子がイッても
スライドを続けると
また
イっちゃうよ～

かなり効果的です
はぁ
はぁ

「イッていいですか?」「ダメ」の繰り返しで深〜い絶頂が

漫画☞和田海苔子

あんあん、気持ちいい
ギシ
ギシ
俺がいいって言うまで、絶対にイッちゃダメだぞ
…うん
ああ、もうイキそうです!
まだダメ!
ピタッ
あーん
ああっ!ああっ!気持ちいい!
カク
カク
ギシ
ギシ
またイッちゃいそう!
ダメ!
ああ、止めないで!
ピタッ
2~3回じらしたところでラストスパート
あん
カク
カク…
ああ、イキそう!イキそう!
まだイッちゃダメ
ええ!なんで!イっちゃうイっちゃう!
絶対イッちゃダメ
カク
カク…
よし、もういいよ
ああっ!イクッ!イクッ!!
タメてタメて最後に開放すると死ぬほど気持ちいいんです

もうどうにでもなっちゃえ！ 開き直りセックスへの持ち込み方

漫画 ☞ 和田海苔子

HOTEL
不倫相手や人妻などに効果的なワザです

まずはナマのセックスを了承させて

今日はナマでもいいよね？

ええ～？いいけど、外に出してね

わかってるって
ああ～ん

ここで一芝居
ヤバイ、イキそう！中に出すよ！いいよね？
ダメダメ！中はダメ！あんあん！
カクカク

イクのを我慢し、中に出したフリをします
ゴメンね、気持ち良すぎて中に出しちゃった
え～！信じらんない。ホントに出したのー

もう、子供できたらどうすんのよ～

ほんとゴメンね

謝るよ、でももう出しちゃったもんは仕方ないじゃん？
もう

これで女が開き直ってくれればこっちのもの
あん

妊娠の不安と快感、罪悪感などが入り交じりいい感じに乱れてくれるんです

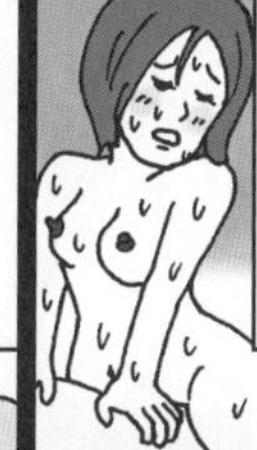
もちろん本当に中出しもできちゃいます
ああ～ん！気持ちいい～！あああん！
ああ、出すよ出すよ！
ゆさっ
ゆさっ

動かざること山の如し。実はピストンは求められていなかった…

漫画☞くみハイム

入れるよ
オラオラ！どう、気持ちいい？
ぱん
ぱん
ぱん
サルみたいなセックスはもう古いです
ウキー
いま女たちが求めてるのはこれ
入れるね
入っちゃった。あったかくてエッチなアソコなんだね。すごい興奮する
んん、恥ずかしい
挿入したまま恋人トークだ
こうやってさ、ずっと××ちゃんの中に入っていたいな。××ちゃんもずっとオレのチンチン入れていたい？
うん、入れてたい
とはいえずっと言葉を交わす必要もない
ニコ
それっぽい台詞が思いつかなかったら見つめる、キスでやり過ごすのみだ
CHU♡
CHU♡
最低20分は続ければ
…あああ！
じっくり感度が高まった女は狂いイク
すごい、ああああああ!!

いつもより感度倍増！耳栓にこんな効果があるなんて

漫画 オオノマサフミ

耳栓だ
チュッ
スポッ
レロレロ
レロレロ
これつけて
してみよっか
マンネリした関係になったらコレがいい
……
……
耳をふさぐことで自分の息遣いや声しか聞こえなくなり
レロレロ〜
ハァ
ハァ
それによりさらに興奮度合いが高まる。女ってのはそういう生き物なのだ
アアン
アアン
すごい…
スパンスパン
ああん！
ああん！
あああ！
スパンスパン
イクーー!!
HOTEL
イクーー!!
中に出すって言ったじゃん…
聞こえないわよ!!
こういうのはやめましょう

手がつりそうなフェザータッチも電マがあれば簡単にできる!

漫画☞丸岡 巧

みんな大好き
電マ！

その威力は絶大だが…
あ～めっちゃイイ

ちょっと痛いって
ゴメン
ダメな娘もいる

ヒャ～くすぐったいこれダメ
キャハハハ
こういうパターンも…

どんな女にもバツグンに効く電マプレイはこれだ!!!

パームボールの要領で電マを握って手マンすれば……
なにこれスゴい！

電マのバイブレーションが指先を伝わって
普通の手マンからグレードアップ！
あ～ッ イクイクイクッ

手マンどころか全身タッチの際も効く！
あ～やばい～ッ
電マフェザータッチで今日からあなたもゴッドハンドに！

女の手が空いていれば必ず握ってやるとよろしい

漫画 ☞ 室木おすし

セックスで女をイカせまくるにはテクニックも重要だが
チェスト！Gスポ攻め
ふんぎゃあ
ズドドドド

同時に安心感や愛され感を与えてやればその効果は無限大となる
具体的にどういうことか?
あんあん

あんあんあん
ガシ
これだ

あるいは
自分でやってごらん
うん

こういうのでもいい
ナデナデ
あ、あ…
ブーン

たったこれだけのアクションでも女は愛され感を覚える
ポワ〜

結果感度が10倍にも100倍にも増大する
イクッイクッイクッ

女向けのAVでこんなシーンが多用されるのもつまりそういうことなのだ

女性向けAVに必ず出てくる愛情アピール「座位トーク」

漫画☞なかむらみつのり

愛してるよ

付き合おうよ

女ってのは、ロマンチックなことを言ってやると喜ぶじゃないですか

カァッ

じゃあ、どんなふうにカマすのが一番効果的なのか

シュタ

答えは座位だ

合体！

繋がったね

うん

すごく感じるよ

私も あぁ、すごい

ヘコ ヘコ

この座位トーク、女性向けＡＶなんかでも必ず盛り込まれている

愛の座位

女性向けAV ～座位SEX～ コレクション

愛の座位

あぁ、好き、大好き！

ギュッ

女はみんなメロメロになってくれます

できればしたくないがしておくと効果テキメンなのは…

漫画 ☞ 大串ゆうじ

まだ関係の浅い女の子とエッチするとき

あ～気持ちいい

ジュポジュポ

大抵はフェラが終われば挿入ですが

じゃ入れるね

うん

その前に一手間挟むことで信頼関係が大きく変わってきます

あ～気持ちいい

ジュポジュポ

チュポン

クイ

フェラ直後のディープキスです

ブチュ～

グイ

んん

長めのキス

ブチュ～レロレロ

大抵の男性がチンコを舐めた後のキスを避けるので

キスしてくれるんだ

キラーン

喜んでくれて関係が長続きしやすいのです

好き～

ガシッ

これを続けるだけで
ブチュチュチュ～

ムチャなプレイもしやすくなります

お尻も舐めてよ

いいよ

ひんやりバイブが好まれないのは当たり前である

漫画 ☞ 中野ケント

いっけ～
バイブ号！
手軽なエロアイテムとして
バイブを使う人は多いけど
ヴヴヴヴヴ
軽く洗って
バシャ
ゴムを被せて
ズイ
はい、挿入
キャ、冷たい
ヴヴヴヴ
これじゃ
女の子の気持ちも
萎えてしまいます
ソーバッド
USA
USA
たったひと手間
洗面台に
お湯を溜めて
ジョボボボ
温めるだけ
なんじゃ
貴様
バイブです
これだけで
まるでナマの
チンポを
入れられてる
かのよう
ああ～ん！
ヴヴヴヴ
もっともっと～
女の子の満足度は
格段に上がるのです

ツライけど、これをやっとけば、女はあなたの元を離れません

漫画 ☞ 中野ケント

射精した直後
イクよっ！ウッ！
気持ち良かったよ
パパ
こんなのは嫌われます
くるっ
よかったよ
気が利く男はこれくらいのことけするでしょう
でもそれくらいじゃ女をつなぎとめられないんです
あの女、電話通じない…
女は「前戯」と「後戯」を愛情と勘違いするもの
前戯 本番 後戯
後戯だオラァ！
ちょっと痛いかも…
グチャ
かと言ってプレイ後の手マンはやり過ぎ
正解は優しいクンニです
ペロ
また舐めてくれるんだ…
ペロ
酸味が強くてなかなかツライものがありますが頑張りましょう
愛されてるわ〜
これで女は離れません
また会いたいな〜♥

「入ってるとこ見てごらん?」を大画面でやってみよ

漫画☞サレンダー橋本

セックス中により女を燃え上がらせるには

どうだ?
やだ、入ってる〜
結合部分を見せつける羞恥プレイが一番です

他にもこんなのや
いやらし〜

こんなのも定番ですよね
獣みたい〜
パン
パン

でもこれらの方法って結合部分そのものを見せつけるのは不可能ですよね
ちょっと待って
どうしたの?

あっ! ハメ撮りはイヤだよ
そんなんじゃないよ

これをこうして
?

でもって
アン

見てごらん
あ! そんな!

いやらしいねぇ
やだスケベ過ぎるぅイッチャう〜

「その喘ぎ声、聞こえちゃうよ？」この台詞が効く場所は？

漫画 ☞ 中野ケント

その声、隣の部屋に聞こえるぞ
え
壁厚いし大丈夫じゃね？
そんな声聞かれて恥ずかしくないのか
だから聞こえてないって
ほら、もっと聞かせてやれ
そりゃそうですよね
聞こえないから
だから
ちょっとこっち来て
え？
えっ、ここ玄関
恥ずかしい声、聞かれるぞ
ここだと防音されてないし…
外に聞こえてるぞ
やだ～んんっんんっ！
聞こえてるぞ
興奮度は格段にアップです
あっあ～

どんなに生意気な女も観念する恥辱プレイの最高峰

漫画☞和田海苔子

Mっぽい子に抜群の効果を発揮する
ホラ、四つん這いになってこっちにケツ向けてみな
うん
どれどれ。お前の肛門、動画で撮ってやるよ
ぱかっ
そんな…
お〜、ヒクヒク動いてるぞ。ほらほら
恥ずかしい…
尻の皺までハッキリ見えるぞ〜
やめてください…
よし、こんどはシワの数を数えてやるよ
や、やめてください
1本、2本…
嫌です〜
動くなよ！5本、6本…
…9本、10本！おい、お前の肛門のシワ、10本もあったぞ
……
屈辱感が快感となり、シワを数え終わるころにはアソコがトロトロになってます

女がアナル綿棒を拒むのはうんちが付くから。ならば…

漫画☞和田海苔子

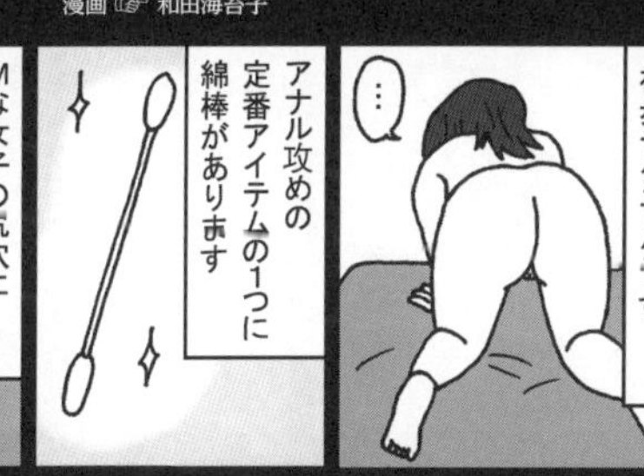
アナル攻め初心者に贈る初歩テクニックです
…
アナル攻めの定番アイテムの1つに綿棒があります

Mな女子の尻穴にコイツを入れてやると大層喜んでくれますが
ヤダ～、そんなの恥ずかしいよ～

普通の綿棒だと断られる可能性が高い
よし、ケツに綿棒いれるぞ!
そんなの絶対イヤ～!

実は彼女たちが嫌がるのは綿棒そのものではなくウンコの付着なのです
プ～ン
汚い!

そこで登場するのが黒綿棒
バ～ン!!

最初から黒綿棒を取り出せば
ほら、この綿棒入れちゃうぞ?
これならウンコ付いても見えないな…

ほら、この通り
ああっ、恥ずかしいよ、恥ずかしいよ!
くるくる…

安心してアナルを開放してくれるのです
ああ～ん、なんかすご～い
ビリビリ

女は自分のあえぎ声に興奮する生き物だから

漫画☞松田 望

気持ちいい
カプッ

もっと大きい
声で言って

女が少しでも
あえぎ出したら
あぁぁ

あーん
もっと
大きな声で

あっあっ!
もっと
大きい声で

とにかくこれを
繰り返すと
あっ
ピチャ
ピチャ

あーん!
女は自分の声に
興奮する
生き物なのだ
ビグ
グッ
ビチャッ
あぁ

もっと
大きい
声で
ああ!
ビチャッ
ビチャ

出ちゃうよぉ!!

すべてに「ハイ」で答えさせるだけですさまじい征服感が

漫画 ☞ なかむらみつのり

エッチの最中は、オレの言うことには、はいって答えるんだよ
ほら、はいは？
はい
くわえて
…はい
もっと奥まで
…はい
この征服感！
おっと、もう濡れてきてるじゃん？
クチュ
…はい
エロイ女だなぁ
…はい
そのうち相手もだんだん素直になってくるもので
チンコがほしいのか？
はい
でも、その前にもっとイジめてほしいんだろ？
クイ
はい
ほらアナル舐めて？
グイ
ブイ!!
はい
いいでしょ？

舐めながら陰毛あたりを見てても無意味です。今すぐ、見つめクンニを

漫画☞くみハイム

ピチャ
ピチャ
これじゃダメ。クンニ中は女の目を見るべし
じぃーーーっ

こうなりがちだが
レロ
レロ
目を見て
恥ずかしいよぉ
レロ
レロ
ちゃんと見ろ。しっかり見つめてなさい
……
ゴクン

ちゃんと見つめさせることがなにより大事 キツイ口調で命令することで女のM心も反応しまくる
レロ
レロ
ビクン
あ、あ、あ
ビク

ゴロン！

それでもダメなら
やっぱ恥ずかしいよぉ

こっちを見ろ
この体勢も効果的だ

目ん玉の白いトコをぺろぺろしてみてください。背中に電流が走ります

漫画 ☞ サレンダー橋本

女というヤツは意外な場所を攻められることに弱い
え…そこ?
あん!

ちょっと上むいて
え こう?
その意味でオススメしたいのが…

そのままじっとしてて
何すんの?

え?

ちょっとちょっと

ピト
キャアアア

白目には知覚神経が少なく舌で舐めてもあまり刺激を感じないのだが

目玉舐めという行為そのものが意外かつ変態チックなため

無性にコーフンを誘うわけだ
ああん! やだ! いやらし〜

ただベロベロ舐め回してる諸君、「耳のクリトリス」を知っているか

漫画 ☞ 倉橋光男

セックス中
大半の人はあまり
気にかけてないかもしれない

あるいは気にかけていた
としても軽く舐める程度だろう

実はこの耳に
とてつもない性感帯が
隠されているというのに

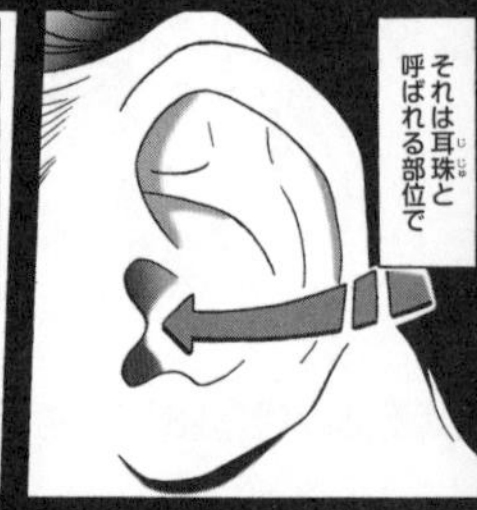
それは耳珠と
呼ばれる部位で

「耳のクリトリス」の
異名を持っているのだ
やだ、バレました？
クネ
クネ
しかし指で刺激しても
コイツは感じない
何してんの？
コリ
コリ

熱い舌先でベロベロ
されてはじめて…
れろ
ああん やだ気持ちいい！
れろ

とにかくねちっこく
攻めるのが肝要です
レロ
もうトロトロよ〜
堪忍してぇ〜
レロ

さらに声での愛撫も
追加してやれば
感じてるの？
変態だなあ

これだけで
昇天する女も
ガクガク
イクっ！
ぜひ
お試しあれ

レロチューでは舌の裏スジが性感帯だと覚えておくべし

漫画☞なかむらみつのり

チュバ レロ
チュバ レロ
レロ レロ レロ
キスのポイントは舌の裏側の3本筋だ

これらは血管で神経が集まっており
レロ レロ レロ
ビクン
ヨコレロ
あっ
ヨコレロ
ビク
ああああああ
つまり性感帯だ

攻めまくるべし
アヒイイイ〜
ペロ
ペロ
ペロ
ペロ

グイ

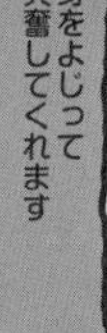
身をよじって興奮してくれます

ンフ ンフ
ギュ〜〜ッ

足指ナメはこの体勢、この部分がいちばん効く

漫画☞シライカズアキ

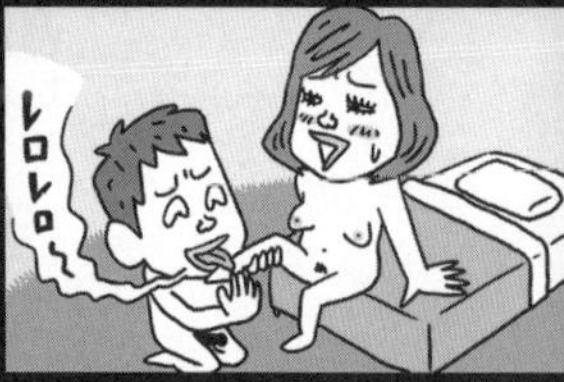
レロレロ〜

サービス精神旺盛な方ならこれくらいのことはやっていると思うが
レロレロ〜

足の指には効果的な舐め方がある
ニヤリ☆

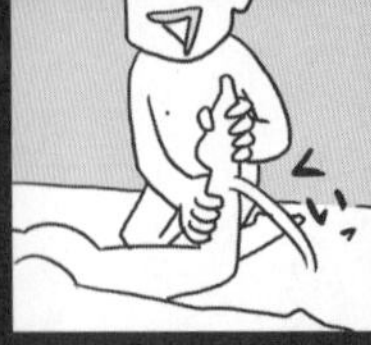
くいっ

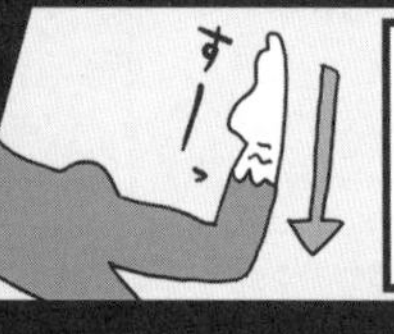
こんなふうに血液を下げ
すーーっ

皮が薄い指の間をペロペロペロ
レロレロレロ…

ムハーッ

あん！

よく効きます
ニヤリ

神経が集中するあの部分、誰も愛撫してこなかったでしょ？

漫画 ☞ くみハイム

セックスのとき、ここらを上から順になぞるだけでいいのか
あ、あん
イイっちゃイイんだけど
ちゅー
……
バッククンニ＋ヒザ裏愛撫を激オススメする
ぴくんっ
ぺろ
ぺろ
あふんっ
ヒザ裏は血管が集まる敏感なポイントだ優しくマッサージしてやり
モミ
モミ
く…んっ
チロ
チロ
くちゅ
クンニしながらヒザ裏タッチ
え、そこ舐めるの？あんん
はあ
はあ
ヒザを優しくチロチロしながら手マンを繰り返すのがいい
サワ
サワ
血流の関係なのかバックの体勢でなければあまり効果がない

骨ばっている箇所はすべて甘噛みエリアだ

漫画☞オオノマサフミ

ハムッ
我々オトコは甘噛みするなら乳首と決めてかかっているが
ハムッ
アムアム
もう いいって!
グイッ
ココよココ
甘噛みは骨にこそ効く
ハッ
腰骨や
ハムハム
あぁ～ん
仙骨(お尻の割れ目上部)
ハム
ハム
ダメぇ～
くるぶし
ハムハム
足にもハムハムポイントは多い
かかとをハムハム
この形もオススメだ
ヤバイって～!
ハムハム
スパン

げっ、クサマン登場! 何で洗えば臭みが消える?

漫画 ☞ 室木おすし

うっ
これは
臭マン女に当たったときほど残念な瞬間はありませんよね
うぐぐ
モワ〜ン
どうしたの〜?
さてこういう場合どう対処するのが正解か?
どの道を進むべきか…
①マンコを洗いまくる?
ゴシゴシ
……
いやいやその程度であの悪臭はとれません
わ
②口で息をする?
ペロペロ
はぁはぁ
ペロペロ
臭マンは味も強烈まったく意味がありません
うぎゃ〜
おっと香水なんかでゴマかすのもムダですからね
うげっ
正解はこれです
どこのホテルにも必ずありますね
ハミガキ粉
ハミガキ粉には臭マンの主成分タンパク質を分解する作用があるので…
あそこ周辺や膣の中をこいつで丁寧に洗えば問題解決っす
ぬり
ぬり
……

早漏は事前の薬ヌリヌリでかなり解決されます

漫画☞くみハイム

これ、あるモノを使用する以前の3分射精男です
ドクン

ドクン
ブチン！
こんな失敗はもうゴメンというわけで試行錯誤した結果そのブツにたどりつきました

ちょっとトイレ

塗るとどうなるか
ザァー
おお、イイ感じ

大丈夫だ！
ちゅぱ
ちゅぱ

『ムズメン』なるかゆみ止め薬です。これをサオ、玉にたっぷり塗りたくります
ヌリ
ヌリ

ムズメンの成分によりチンコが麻痺して
あん
あん
いいぞ、いいぞ！
にゃい
にゃい

必ずセックスの1時間前には塗っておかねばなりません

3分男も20分男に変貌をとげます
ふん
ふん
カク
カク
ハァ
ハァ

イグー!!
ビク
ビク
麻痺してるとはいえ、ちゃんと快感はあるのが重要なポイントですね

発射しそうになったら ここを下に 引っ張れ!

漫画 ☞ サレンダー橋本

入れるよ
うん
ヤバイ もう イキそうだ
……
早漏ほど カッコ悪い ものはない
どうしたの？

早漏を回避するには射精直前の玉袋の状態がヒントになる
こんにちは チンコです
ペコリ

射精が近づいてくると玉袋はこうなる
やばい もうすぐ 出ちゃう ぞ…
ひゅん

なので こうしてやれば
あ もう 平気だ
射精感は 簡単に治まる
ビヨーン
ビヨーン
だがこの方法は何度か繰り返すうちに…
効かなく なってきた やばい… 出ちゃいそう だよ〜
メチメチ

だが安心を まだ奥の手がある
最終奥義
ボワン

金タマを ひとつ掴んで こうするのだ
うっぐっ！

一瞬痛みが走るが その後はご覧の とおり
あれ
射精感が どこかに 行っちゃった！

早漏クン必聴。どんなときでも、あそこを曲げれば我慢できます

漫画 ☞ 和田海苔子

早漏にお困りの皆さん
あふう!

誰でも簡単に使えるナイスな早漏防止テクをお教えしましょう
早すぎ!
ゴメン…

射精感が近づいてきたら
ヤバい…イキそうになってきた

両足の親指をこのように曲げると
ぐぃーん
ぐっ…
プルプル

どうにか我慢できました
ふい〜
あん
あん

ヤバい、またイキそう!
カク
カク

ぐぃーん

なんとか耐えたようです
ふい〜
カク
カク

足指を伸ばすとイキやすい男の習性を逆手に取った作戦です

イク
イク!

どんなユルマンでも反射的に締まる魔法

漫画☞倉橋光男

女体とは不思議なもので
頭部に心地よい刺激を与えると
股間や肛門がキュッと締まる妙な現象が起きる
キュ
キュッ
これ、セックスに応用しない手はない
あ、
あ、ぽふ
ぽふ
なんかユルいなあ…
よし!
次はバックでやろうよ
うん
まずはこうやって…
?
毛根を適度に刺激してやるのだ
あん
グイッ
うりゃ
ぐいん ぐいん
うひょーきっつー!
ギュー
ちなみにこの方法女性のM心も刺激するので一石二鳥だ
痛い?
ぐい
ぐいん ぐいん
全然へーき服従したみたいで萌える〜
コツは引っ張る髪の量をできるだけ多くすること少ないと痛がるので逆効果だ

ユルすぎてイケそうになければもうこの体位しかない

漫画☞大串ゆうじ

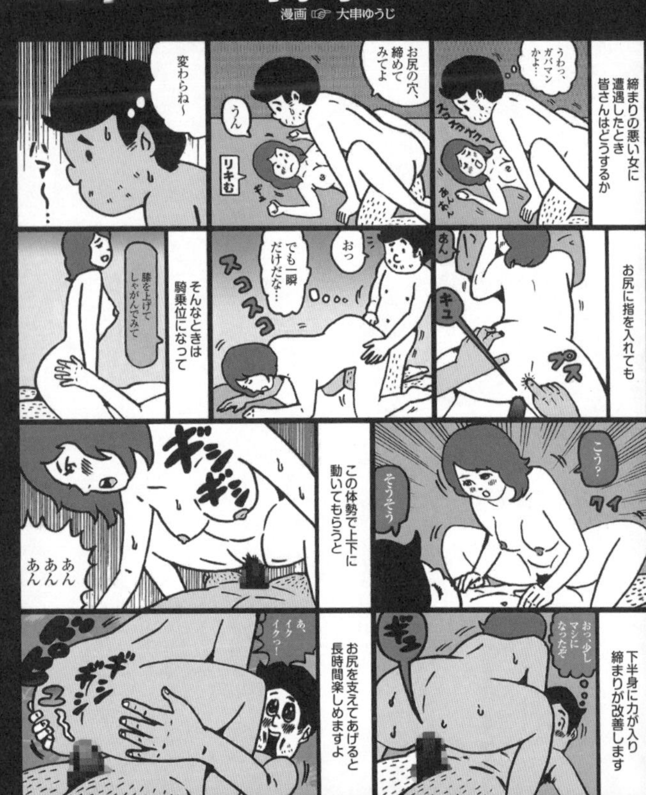
締まりの悪い女に遭遇したとき皆さんはどうするか
うわっ、ガバマンかよ…
あんあん
お尻の穴、締めてみてよ
うん
リキむ
変わらね〜
ハァ〜…
お尻に指を入れても
あん
キュ
プス
でも一瞬だけだな…
おっ
スコスコ
そんなときは騎乗位になって
膝を上げてしゃがんでみて
こう？
そうそう
この体勢で上下に動いてもらうと
ギシギシ
あんあんあん
下半身に力が入り締まりが改善します
おっ、少しマシになったぞ
ギュ
お尻を支えてあげると長時間楽しめますよ
あ、イクイクっ！
ギシギシ

「電気消してよ」恥ずかしがり屋ちゃんの裸体をバッチリ拝むには？

漫画 ☞ 今井のりたつ

…ちょっと待って
えっ
ピッ
フッ…。
なんで消すの？
恥ずかしいじゃん
こういうことをされると本当にテンションが下がるわけで…
かといって——
電気つけようよ！
いやだー
パッ
電気つけたらエッチしないよ！
なんだよお
ワイ
ワイ
不毛な争いが続くだけだ
簡単な解決方法があるまずは女に逆らわず…
暗いままでいいよ
ありがとう
とりあえずおっぱじめよう
そしてある程度行為が進んだところで…
パッ
あっ！
女は裸になる直前に羞恥心がマックスになるためそこを通過してから明るくすれば…
もういいっしょ？
もう！
意外とあっさり受け入れられるものなのだ
これで先ほど見逃した場面もゆっくり堪能できる
うお、エロいなあ
うふふ…

ハメ撮り流出をビビるなら、顔の一部を隠せばいいじゃないか

漫画☞大串ゆうじ

ハメ撮りしたいと思っても女の子はなかなかウンと言ってくれません
写メ、撮らせてよ
え〜ムリなんだけど
でも、顔が隠れればOKしてくれる
じゃ、こうやって隠せば大丈夫でしょ?
うーん、それなら
この状態に慣れてきたら
パシャパシャ
あんあん
今度はフェラしてよ
こうやって隠せばいいでしょ?
ハァハァ
こう?
そうそう
パシャパシャ
ジュポジュポ
ああ〜気持ちいい〜
こうしてしばらく撮影を続けていくうちに
また口元隠して
ああん、ああ〜ん!
ギシギシ
パシャパシャ
大概、顔を隠すことなどどうでもよくなってきて
パシャパシャ
バコバコ
手がズレてほとんど顔が見えてる
あん!あん!
普通にハメ撮りできてしまいます
お〜!!
モミモミ
パシャパシャ

濡れないカサカサ女には、このクスリを飲ませましょう

漫画 ☞ 麻々花

濡れにくい彼女…
痛っ
あ、ごめん
コリ コリ

濡れが悪いから ぜんぜん気持ちよくない
パコ パコ
そんなときは「フォルカン50mg錠」だ
ジャジャーン!
cipla
forcan-50

元来、膣カンジタの治療薬なのだが
これ飲むとエッチな気分になるんだって。飲んでみなよ
シャワーの前に
えー
パクッ
飲んで10分ほどでアソコが濡れまくってくる（エッチな気分にはならない）

にんまり
もじもじ

あぁあぁん
クチュッ
クチュッ

ムフフフ
恥ずかしい…
ビショ
ビショ

やっぱ濡れまくってるほうがいろいろとイイ
ズリュン
ズリュン

コンドームを装着しようとするとフニャチンになる貴兄へ

漫画 ☞ 麻々花

ちょっと待ってね
スポッ
ゴムつけるから
ピリッ
どっちが表だ…あ、こっちかな
……
クイクイ

毛がはさまった
いてててて
ちょ、ちょっと待ってね
コンドームをごそごそしてる時間で萎えちゃうことってけっこうある
あれ、おかしいなぁ…
グイグイ
……
最悪だ
この「ノータッチスキン」ならわずか3秒ほどで装着できるので

ゴムつけちゃうね
ササッ
ピタ!
もはや必需品です
ズコ
ズコ
ズコ
ズコ
あっ
あっ
あん

キンタマ空っぽでも二回戦に突入したい!

漫画 ☞ 麻々花

あーイクー!!
ドバァー
はぁ…♡
エロ〜
もう1回したいなぁ。よし!
ちょっと待ってて!
?

即回復する方法がある
シャー

熱いシャワーをアナルに当てて
ジャーッ

グリン
グリン
シャー
ここはチンコの血流を上げるツボだ。グリグリ押してればサオに血がめぐる感覚がわかるだろう

そしてもうひと手間今度はシャワーを冷水にして玉に当てる
ヒヤ〜

冷たいけどガマン!
ヒヤ〜

精子を作る機能は、玉を冷やすことで活発化するためだ

グリグリ
ヒャ〜
これを交互に5分ほどやれば

もう一回!
ギン
ギン

なかなかイケないときは ピンサロ嬢の あの技を真似よ

漫画☞丸岡 巧

こちら遅漏オトコさんです
ほっ
ほっ
ねえ
まだ〜？
……
ちょっと休憩するんでしょうか？
ガチャ
キンキン
ピトッ
くっ…
キーーン
気が狂ったわけではありません
実は遅漏には玉冷やしが効果的なんです
ぬおおおお
？
キィィィン
睾丸が活発になり精子製造が促されるんですね
えっほ
えっほ
冷
ピンサロ嬢がおしぼりで玉を冷やしてくるのもこれなんです
トン
さあ
もっかい…
イクーー!!
ドピュ
うれしいー!!
ラブホの場合は入室してすぐに準備しておきましょう

フェラ下手に使わせる呪文「アロアロアロ」

漫画 ☞ サレンダー橋本

うーん
フェラ下手な女性は意外と多い

センスのない女にはいくら細かく説明しても
歯は当てない舌先でねっとり舐めるときには裏スジや亀頭も…

なかなか理解してもらえないものだ
フガフガ
ダメだこりゃ

こういう場合はシンプルなレクチャーがベストだ
「アロアロ」って言ってフェラしてみて
アロアロ？

HEAVEN
実はこの方法ソープランドの新人講習でも使われているもので

自然と舌がフェラに最適な上下運動を始めるだけでなく
アロアロアロアロアロアロ

同時に唇も鯉のようにぱくぱく動くので
アロアロアロアロ
パク
パク

うう、いい!!
どんなに下手な女でも平均点以上のフェラリストに早変わりするのだ

さらにサオへのしごきを教え込めばカンペキだ
アロアロアロ
くうイキます!!

ヘルス嬢に教えられた 電マ＋ おしゃぶりテク

漫画 なかむらみつのり

ヘルスに行ったときのこと
よろしく おねがいします
…どうも
ふあさ
ガリッ
…うーむ
ジュパ ジュパ
こりゃあ イケないかも…
どうですか?
チュパ チュパ
…まあ、何というか
サッ
ん?
え!?
ウィィィィィ
ウィィィ
ジュボボボボ
うわわわわわわ
気持ちいいー!
すごい技を使う女も いたもんだ
ドッピュ
彼女にフェラしてもらうとき なんかにも使えそうだ
フッ
ペッ

唾液たっぷりのニュルニュルフェラを味わいたければ

漫画 ☞ シライカズアキ

もっと唾を絡められない?

ゴロン

じゃあ
もう一回

こういうときは?

ちょびっ

あれ?

いいね
いいね

ダラーッ

バッ

唾液
=
アルカリ性

炭酸
飲料
=
酸性

口の中を中和
させようと、
唾液がたっぷり
出てくるのだ

ちょっと炭酸
ジュースを
飲んでみ
…
炭酸
飲料

ゴク
ゴク

ジュポ
ジュポ
気持ち
いいっす!

フェラ嫌いの女はどう言えば舐めてくれるのか

漫画☞しゅりんぷ小林

たまにこういう女っていますよね
俺のも舐めてくれる?
え〜
ちょっと苦手
わかった。じゃあさ、ちんちんにキスしてよ
一瞬だけチュッてキスするだけならいいでしょ? お願いチュッてしてみて
え?
こう言えば“フェラなのにフェラじゃない感”が出せるのです
もお〜
チュッ

ああっ! 気持ちいい!
ホントに?
ホントだよ。もう1回、そういう感じで
チュッパクってしてみてよ
チュッパク?
大げさに気持ち良さそうなフリをして

え〜
チュッ
パクッ
ああっ! 気持ちいいよ。そうそう

擬音で要求を伝えていきます
じゃそのまま
そのまま
ジュルジュルって
レロレロって
いいね いいね
ドドビャッ
これで完全なフェラですね
ゴックンって
それはイヤ!!

尺八のコツがわかってなければ、指で教えてやればいい

漫画 ☞ 丸岡 巧

……
…こいつフェラ下手すぎだって
そんなときは
身をもって教えてあげればいい
スゥ
パクリ
こうやってみ？
え？
ほう？
チュポー
ズッ
そうそう上手い上手い！
チュポ
女の指を舐めて実例を体験させることで
次はこれそうそう
チロ
チロ
チロ
チロ
ずいぶん上達するものだ
そーそー
イイぞ
ドゥルルル
ドゥルルル
イクよ！こうやって飲んで
いやそれはムリ
ズボ
…ごっくんまではマネしてくれないことが多いけど

ローションにこいつを混ぜるとあちこちがスースー

漫画☞シライカズアキ

ソープに行ったとき

モンダミン？

クチュクチュクチュ～ってやってください

トポポ

何でそんなの入れてるの？

あ、見られちゃった

でもモンダミンをまぜると

トロ

シュワシュワして気持ちいいんですよ

トローッ

くちゅくちゅ

シュワーっとするね

ペッ

ホントだ、シュワーっとする
ソープではよく使われるテクニックなんですよ
ぬる
ぬる

じゃあ、ちょっと待ってくださいね
くちゅ
くちゅ

普通の女とセックスするときにも使えそうですなぁ

ああ、気持ちいいー
グフフ…
ぬる
ぬる

野獣のように まぐわいたいなら 室温30度に

漫画 松田 望

パン
何か暑くない？
パンッ

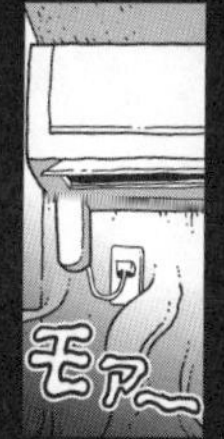

モア〜

暖房 30度
ピッ

レロ…
しょっぱっ
この汗だくっぷり
やだぁ

ははっ お前もめっちゃ汗かいてるじゃん
パン

そりゃあ、抱き合ってりゃぁ暑くなるよ
グイ

果てた後の疲労感もまた心地いいです
ピッ
冷房 15度

パン
はぁはぁはぁ
あぁぁぁ いぐうう〜
パン

自ずとテンションが上がる
はぁはぁはぁ
はぁはぁはぁはぁ
パン
パン

2人とも全身パウダーでどこに触れてもピクンピクン

漫画☞タカヤマヒサキ

何それ？
ベビーパウダーは愛撫にはもってこいだ
パタパタッ
ベビーパウダー
摩擦がなくなるからサラサラだろ
むにっ
ゾクゾクする〜っ
ま、これくらいはよくやられているだろうが…
パサッ
えっ？
ドド
バッ
よっしゃ！
いくぞーっ
ズーン
やんっ
すべすべ〜っ
触れ合う部分すべてがスベスベで心地がいい
あああ〜気持ち良い！
うひょひょ
さわさわっ
撫で合うだけでイキそうになるほどだ
にひひっ

これぞ新境地! 女だけに目隠しさせてはもったいない

漫画☞しゅりんぷ小林

普通の目隠しプレイといえばこんな感じですが
目隠しするね
ビィイイイイイ
あああ
今日は2人でしてみない?
いいよ
室内をなるべく暗くして2人で目隠しをすると
カチッ
……
パタパタ
パタパタ
……
お互いの身体を舐めてみようか
ぺろん
ぺろろ
レロン
うん
ピチュピチュ
ペロペロペロ
クチュクチュ
うお～
あ～ん、あ～ん
暗闇の中で身体の感覚が鋭敏になっていき非現実的なセックスに没頭できる
ひいいいいくぉぉぉ
病み付きになりますよ
お隣はどんなセックスしてんだ?

アントニオ猪木もハマった（と噂の）ワイン浣腸でハイテンションプレイ！

漫画☞今井のりたつ

酩酊状態でのセックスほど気持ちいいものはありません
あ～気持ちいいぜ
うふふ
ねえアナルも舐めてよ～ん
女もやたらと大胆になっちゃって
しかしそんな状態になるまでが意外と面倒くさいというか
もう酔った？
まだまだ～
こういうケースも少なくないですし
アルコール苦手なんだよね～
ウーロン茶
こういう時はワイン浣腸が一番です
どんっ
うりゃ！
はうっ！
肝臓を通過せず直腸から直接アルコールが吸収されるので…
じわ～っ
秒速で泥酔状態だ！
ふあ～い
あまけに酔い自体も強烈なので思う存分酩酊セックスを堪能できます
おらおらこの変態め！
はっ
あっ
あのアントニオ猪木が一時期ハマっていたという噂も大いに納得でしょ？
ただし人によっては急性アルコール中毒になったり最悪死亡する危険もあります
くれぐれもご注意を

このプレイのために ドリンクを飲ませまくる 男もいます

漫画 松田 望

これ、冗談ではなく
ホントに気持ちいい
プレイです
ノド渇いた
でしょ？

じゃあ、
しよっか
あぁん

このまま
オシッコ
できる？
パ
パ
ン
ン

マジで？
女は挿入してても
オシッコできる
でしょ？

ほら早く
ホントに〜

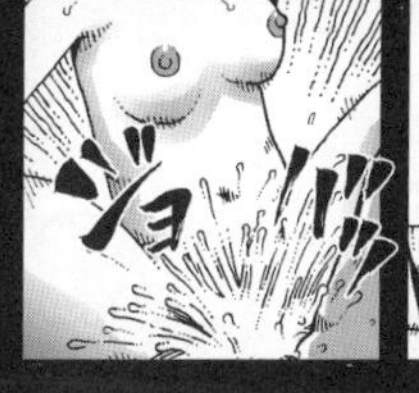
ジョ
ババ

おぉおおお〜
ビチャッ
ビチャッ

あったかぁ〜
ダラ〜

また言いますけど
これ、ホントに
気持ちいいんです

精液を残さず スッキリ 出し切りたいときは

漫画☞タカヤマヒサキ

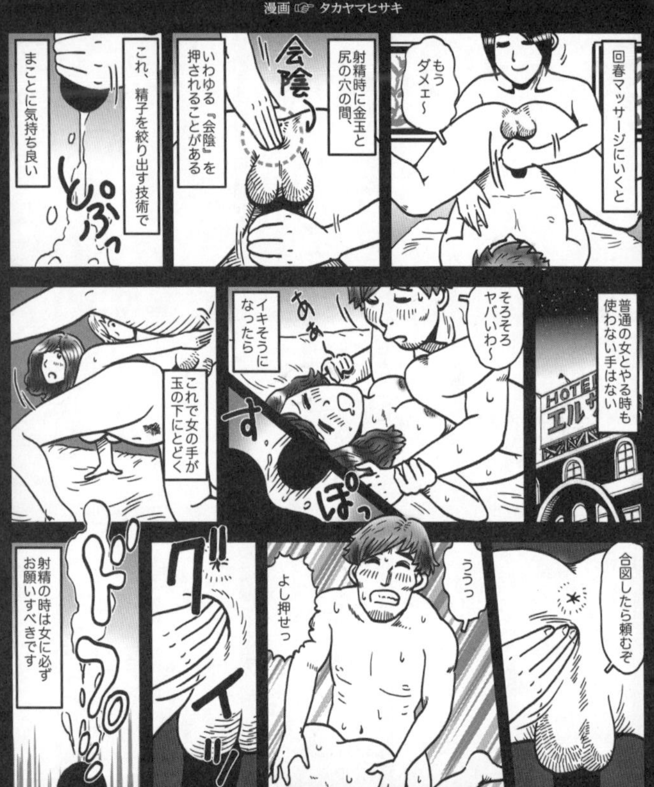
回春マッサージにいくと
もうダメェ〜
射精時に金玉と尻の穴の間、
会陰
いわゆる『会陰』を押されることがある
これ、精子を絞り出す技術で
とぷっ
まことに気持ち良い
普通の女とやる時も使わない手はない
HOTEL
エル
そろそろヤバいわ〜
イキそうになったら
あぁ〜
これで女の手が玉の下にとどく
す
ぽっ
合図したら頼むぞ
ううっ
よし押せっ
グイッ
射精の時は女に必ずお願いすべきです

こっそり中出ししても このやり方なら まずバレません

漫画 ☞ 麻々花

生外イチゴーで
お願いします
どうも
よろしく〜
じゃあイチゴーね
一万5千円も
払うのだから、
最大限満足したい
じゅぷじゅぷ
生ハメオッケーならば
いつもやってる
ことがある
あ、
イク!!
ズコ
んっ
んっ
ズコ
ああ、
ううう!!
ドピュ〜
このように
イキながら腰を
降り続けることで
中出しは達成
んっ
んっ
ドク
ズコ
ズコ
最後にイッたことを
ごまかす演技だ
ああ、イク、
イクぞー!
(もうとっくにイッてるけど)
スポッ
はぁ、はぁ
尻に擦り付けて
発射した振りをして
ズリ
ズリ
それを拭き取る
フリも重要
はぁ、
気持ち
よかったよ
フキ
フキ
はい、完了
ワタシ
もー

俺たちの
“ナマ中”大作戦
漫画
しゅりんぷ小林
リポート
裏モノ読者7名

……ねえ
病気が怖いから
ゴムつけてよ
うん
……
――と、ナマが駄目だったり……
私、ナマでも
いいよ
よっしゃあ
～～!!
ずぶりゅっ
でも絶対に
外に出して
よ～
お
おう
パコココココ…
スポン
ピュッ
ピュッ
――と、中出しが
駄目だったり……

女がビビる気持ちは
わかるけど男たるもの
ナマで中出ししたいですよね
拭いて
ハイ……
でもいろいろな方法で
ハードルを越える
男たちもおりまして……
ナマ中出し
その①
デリヘル嬢と
ハイ
ハイ
グイ
脱いで
脱いで
ズルル
あう〜ん
んぐ
んぐ
あふ
あふ
ねえ
本番
できる？
いいけど〜
プニュ
絶対ゴムつけてね
じゃないとイヤ
もちろん……

ほら
オレ感度のいいやつ持って来たから
スッ…
容器に入ったタイプだよん
実はこれ、あらかじめ私が細工したコンドームでして……
OPEN
CONDOM
ペリ…
必要なのは……
ワッカのみ！
チョキン
コレを再び……
グイ
のり
ヌリヌリ

ピタ
普通のコンドームだと開封済みなのがバレるので、細工するならこのタイプがオススメ
よーし準備完了！
そして――
ペリリ
今つけてるからねー
うん……
グググ
――と、これならワッカだけのコンドームでも彼女が気付く事はまずありません
せーの……
ズブブ
あうっ!!
く〜っ粘膜と粘膜の密着がたまらん
やっぱりSEXはナマに限るな〜
パコパコ
びゅるびゅるびゅ
グチュ
後でココから白いのが出ても知らんぷりです

その② 合コンの女と
……ねえ ナマでも いい？
やだ～ 病気怖い も～ん
コレを つけてよ
スッ
カサ
でもラブホの コンドームって 危険らしいぞ
え？
前の客が イタズラして 針で穴を 開けてたり して……
ヤダ～ どーすんの？
大丈夫、オレ 持ってるから ……
ゴソ…
コレ コレ
コチラも容器に 入ったコンドーム
もぉ～～ 早くつけてよ ～～
実はこのコンドームも 細工済みでして……
私の場合、逆に ワッカの部分は
切って捨てます
チョキン

残りの部分をトイレットペーパーの芯に装着して
ギュウ
再び丸めて……
クイ
クイ
元の容器に戻します
キュッ
のり
――で、ワッカのないコンドームを容器から出して装着……
ワッカがないのも普通は気付かないよね～
では入りま～す……
きてきて……
カクカク
うりゃうりゃ
あふあふ
ねえ、今度は後ろから……
うん……
ハァー
ハァ
よしっ今がチャンス!!
ギュッ

スポン

そう、このとおり
コンドームはワッカがないとあっという間にはずせるんです
これをマットの下に隠して……
サッ
ズバン

うひゃ〜
ナマで味わうこの締めつけ!!
アンタのマ●コは生き物か〜〜!?
パンパンパンパン
キュウウ
あああ
イ イク〜!!
オレも〜〜!

その③ いつものホテトル嬢と
頼むよ、今日はナマでヤラせてくれよ〜
お客さん、ウチのお店はナマの中出し厳禁です
コレつけてください
たまにはいーじゃんいつも指名してるのに〜
ホテル
ホテル BOCKEY

もぉ～
それなら
私、帰ります
ならば
いい物見せて
あげるよ
ガサ
ゴソ
ほら
これ……
カサ…
最近受けた
HIVの
検査報告書
オレ
陰性です!!
HIV検査報告書
陰性
……エイズは
ともかく……
私、妊娠すると
マズイし……
ならば
これ!
バサ
え?
精液の
検査結果表
ほら
ここの数値が
ゼロでしょ
精液検査結果
実はオレ
無精子症
なんだ……
そして――
もぉ～
また指名して
くださいね
もちろん!!
バスッ
エイズの検査は
自分で受けたけど
無精子症の書類は
ネット上に落ちて
いるのをパクリました
ドビャ
二度と指名せず
あああ

その④
援交女と
……
……
ナマ外出し
ホ別２でお願い
中出しは
ダメか……
ナマはＯＫで
でもこういう援交女とも
ナマ中出しができるんです
あっ
あっ
うっ
うっ
す
すごいわ
すごいわ〜
キ
キミも
うっ
やばっ
気持ちいいっ
このまま
イッていい？
えっ
ユッサ
ユッサ
ユッサ
ダメよ〜
外で出すって
約束じゃん
な、ならば
こっちこっち
オレ
持ってるんだ

な、なにを？
ほら
これ……
アフターピル
Madonna
2 Tablets
アフターピルとはソープ嬢などがよく使っている行為後の避妊薬で……
中出ししても
これ飲めば
妊娠しない
よ～
そ
そうなんだ～
ユサユサ
ユサユサ
ユサ
ユサ
うっ
ドビャッ
あっ
へーえ……
こんなの
あるんだ……
ゴク…
オメーも援交女なら
ちゃんと買っとけよ
この薬、薬局では買い
にくいので通販で
買っておきましょう
その⑤
セックス
フレンドと
私、今日は危険日
だから絶対に
外に出してよ
了解!!
——と、言ってたのに
たった今、彼女の中に
もらしてしまった……
ヘコヘコヘコ…
ギシ
ギシ
ギシ
漏
——なのにオレが
腰を振り
続けているのは……

彼女に中出しした事を悟られずに……
やべっイクよ
ぬ抜いて～
スポン！
ふううっ
ハア
ハア
ハア
ハア
ペトペト
さらに――
シュッ
シュッ
ティッシュで拭いてあげれば
――と彼女の陰毛付近に出したフリをして――
ぐったりしている彼女にはわかりっこないからです～
その⑥ナンパした女と
オラ
オラ
HOTEL オラ ORA
オラ気持ちいいか？
ギシギシギシ
ギシギシ
パンパンパンパン
イイッすごくいい!!
もっと激しくするぞ～
ああ～ん!!
パコココココ…

うう～っ
オレ
イキそう……
イッて
いいか？
パコッ
パコ
う、うん
いいよ
ほ、本当に
イイんだな？
イッて
～～
パパ
ココ
ビュビュッ
ああああ
え……
ん？
中で出した？
だって
オマエがイッていい
って言ったじゃん
言ったけどイクなら
外に出してよ
あの状況で
イッていいって
事はそのまま
中に出していいって
事だろ～!!
はあ？
だから
何度も確認した
だろが～～!!
多少強引ですがこうして
責任の所在をうやむやに
してしまえばいいのです

その⑦
援交女と
うっ
うっ
あっ
あっ
パン
パン
く〜
そろそろ
イキそう
だぞ〜〜
ああああ
パンパン
ねえ、今度は
上になってよ
うん
あんあん
あんあん
やっ
やばい
気持ち
いいよ
〜〜
ア
アタシも……
あんあん
あんあん
う〜
ギシ
ギシ
ギシ
ギシ
ギシ
ギシ
ギシ
ギシ
うっ
ドビュッ
えっ!?
な、なんで中に
出したの?
だってキミが
動いてイカせた
からじゃん
オレは抜こうと
思ってたのに
なにいっ!?
——まったく
悪い男ばかりですね
やっぱりゴムは
つけましょう　どぴゅ

みんな地味なんです。手マンはオナニーと同じ体勢で

漫画 ☞ 和田海苔子

女子の
オナニーといえば

こんなのを
想像するかもしれませんが
あ〜ん、
気持ちいい〜

実際はこんな感じが
多いんですって
ん〜〜〜
イク〜！
くちゅ
くちゅ

そんな子たちに
こんな手マンをしても
おりゃー！
あんあん
あんあん

実はそれほど
響いていません
あんあん
気持ちいいは
いいんだけど…
おりゃー！

なので横に寝かせて
ちょっと横に
なってみて

コロン
こう？

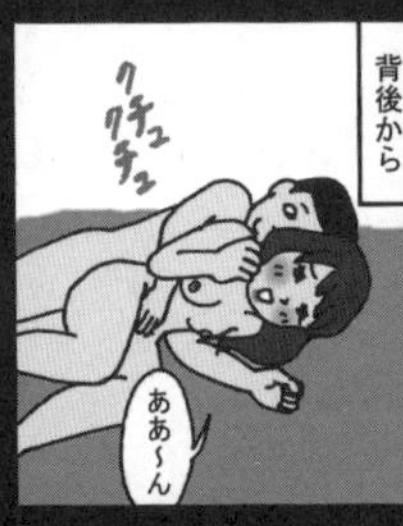
背後から
クチュ
クチュ
ああ〜ん

慣れた格好なので
安心感が強く
ああん、
あああああ

イカせやすくなります
ああ、
イッちゃう
イッちゃう〜！

ジラしプレイって何すりゃいいの? 合言葉は「大陰唇10分」

漫画 ☞ 大串ゆうじ

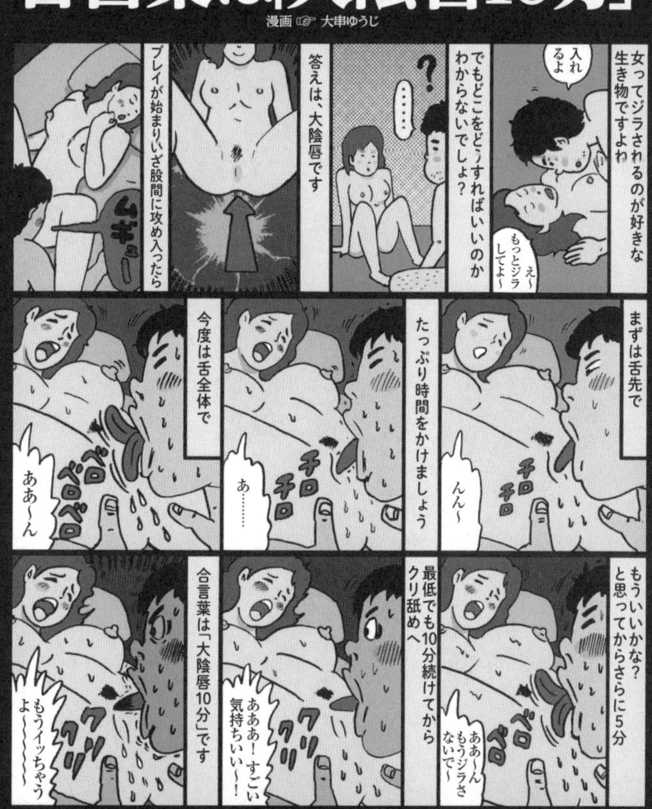

女ってジラされるのが好きな生き物ですよね
入れるよ
え〜もっとジラしてよ〜
でもどこをどうすればいいのかわからないでしょ？
？
……
答えは、大陰唇です
プレイが始まりいざ股間に攻め入ったら
ムギュ
まずは舌先で
チロチロ
んん〜
たっぷり時間をかけましょう
チロチロ
あ……
今度は舌全体で
ベロベロベロ
ああ〜ん
もういいかな？と思ってからさらに5分
ベロ
ああ〜んもうジラさないで〜
最低でも10分続けてからクリ舐めへ
ああああ！すごい気持ちいい〜！
合言葉は「大陰唇10分」です
もうイッちゃうよ〜〜〜

クンニに使うべきはザラザラ舌ではなく裏のツルツル

漫画 ☞ 麻々花

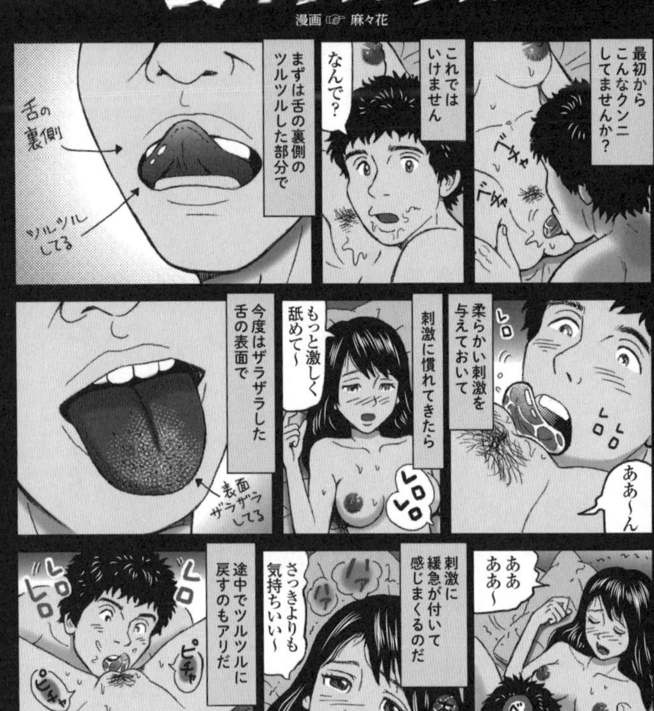
最初からこんなクンニしてませんか？
ベチャ
ベチャ
これではいけません
なんで？
まずは舌の裏側のツルツルした部分で
舌の裏側
ツルツルしてる
柔らかい刺激を与えておいて
レロ
レロ
ああ～ん
刺激に慣れてきたら
もっと激しく舐めて～
レロレロ
今度は舌の表面でザラザラした
表面ザラザラしてる
ああああ～
刺激に緩急が付いて感じまくるのだ
ベロ
ベロ
さっきよりも気持ちいい～
ハァ
ハァ
あん♥
途中でツルツルに戻すのもアリだ
レロ
レロ
ピチャ
ピチャ
あ～んなんか滑らか～

ただの肌に見えますがこんなところに快感スポットがありました

漫画 ☞ 麻々花

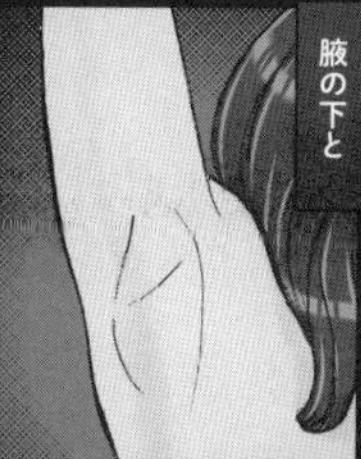
脇の下と

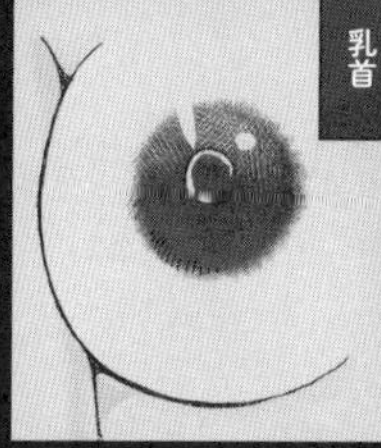
乳首

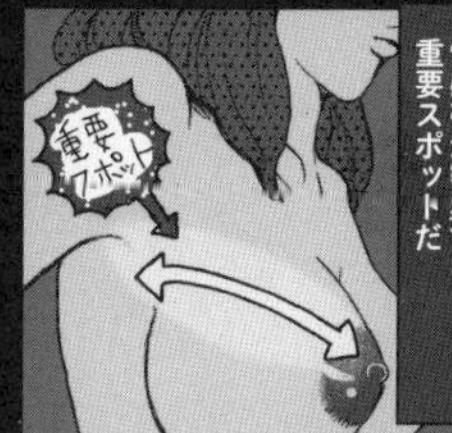
この2つを繋ぐラインは性感帯が密集する重要スポットだ
重要スポット

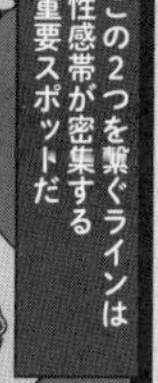

舌を平たくして

このラインを往復すれば
レロ
レロ

脇の下のくすぐったい快感と
ああ…
ペチャ

乳首の快感
あぁあぁ～ん
レロ
レロ

その狭間に揺れてトロトロになる
レロ
ペチャ

挿入しながら攻めるのも効果的です
すごい気持ちいい～
ズコ
ズコ
ペロペロ

ローターを口に含めば勝手に舌が震えてくれます

漫画☞今井のりたつ

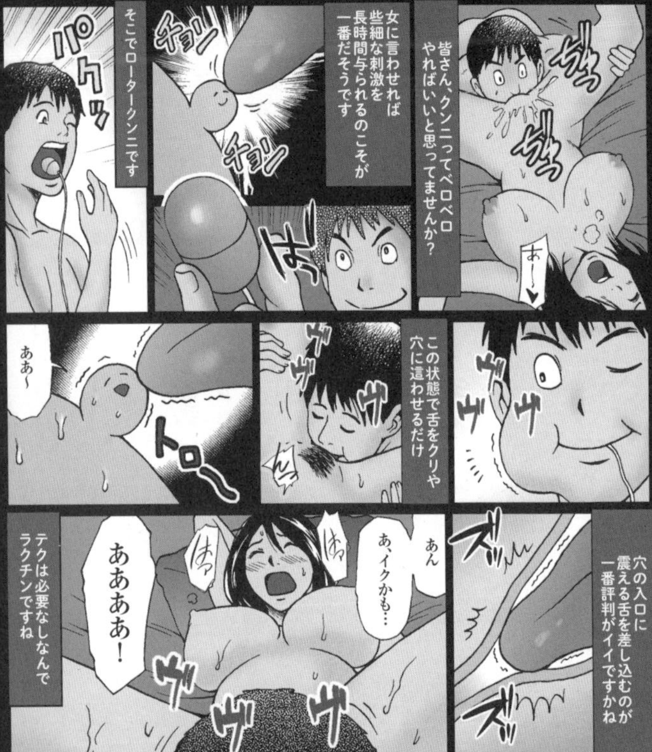

皆さん、クンニってベロベロやればいいと思ってませんか？

あ～

女に言わせれば些細な刺激を長時間与えられるのこそが一番だそうです

チョン

チョン

ぱっ

そこでローター クンニです

パクッ

ヴヴ

この状態で舌をクリや穴に這わせるだけ

ヴヴ

ああ～

トロ～

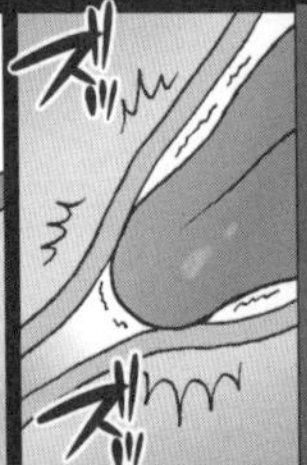
穴の入口に
震える舌を差し込むのが
一番評判がイイですかね
ズズッ
ズズッ

あん

あ、イクかも…

はっ

はっ

あああああ！

ヴヴヴ

テクは必要ないしなんでラクチンですね

マズくても言いましょう。クンニ中の言葉責め「美味しい!」

漫画☞丸岡 巧

キラーン✧

ピチャ
ピチャ
あン
あン
クンニ中まったりしてるのもイイですが

ああ〜美味しい
すげ――美味しいよ!

え!?
やっやだぁ…!!
カアアアアッ

アアッ!
見たことないようなイイ顔しますよ
ジュルルルル

アァ〜
オイシ〜オイシ〜〜
…やだ…ン…

ハア
ハア
そんなこと…言わないで……
ハア

美味しィー―ッ
アアー
思いっきり恥ずかしがらせよう!
ビクッ
ビクン
ズビビビ

ローションクンニはいきなりやるからこそ効果が出る

漫画☞松田 望

セックスが始まるととにかくマンコを攻めたくなるけど

まず手マンでジャブをカマし

濡れてきたところで

伝家の宝刀、クンニ！
レロ
レロ

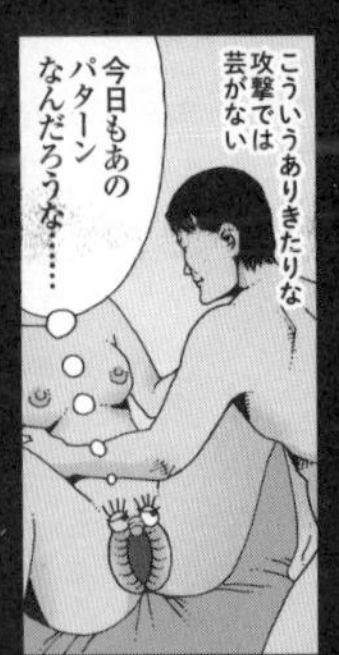
こういうありきたりな攻撃では芸がない
今日もあのパターンなんだろうな……

タラー
そこでこうだ！
あれ？

まずはローションを垂らし
わ〜!!

いきなりトロトロ全開が効果的です
ビチャ
ビチャ
ビチャ

クンニー！
ビチャレロ
何この攻め方ぁ〜いつもと違う……
ビチャレロ
ビチャレロ

見落としがちな性感帯！女の指は常にしゃぶりましょう

漫画☞松田 望

こら！

指が空いてるだろ！
すぐにしゃぶれ！
ス…

あ…
チュパ…

チュポッ
よし、そうだずっとそのままな
チュポッ

ほら、簡単だろ
チュパッ
あぁぁ、いいいいい～！

パン
ムチュ～
いついかなるときも女の指はしゃぶるように！
パン

思いっきり深爪にすれば 肌にもマンコにも ピタピタ吸い付きます

漫画☞なかむらみつのり

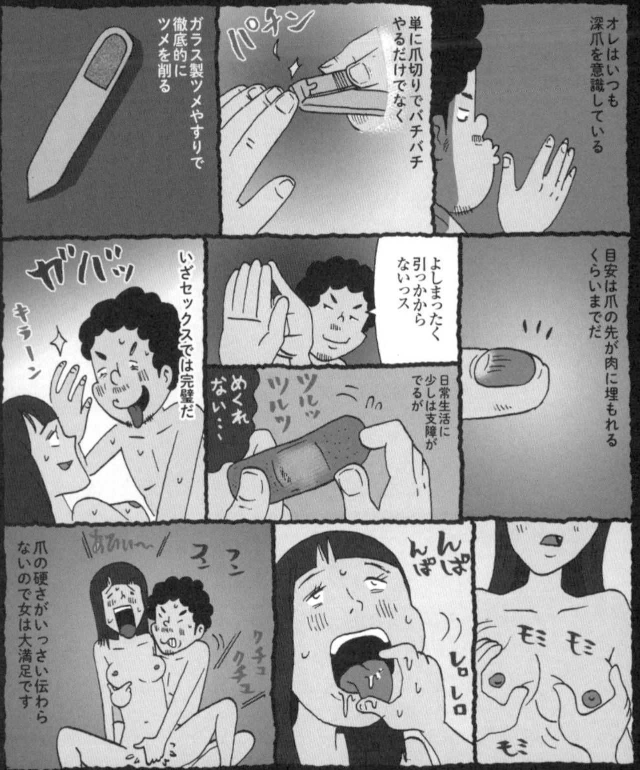

オレはいつも深爪を意識している

単に爪切りでバチバチやるだけでなく

ガラス製ツメやすりで徹底的にツメを削る

目安は爪の先が肉に埋もれるくらいまでだ

よしまったく引っかからないっス

日常生活に少しは支障がでるが

ツルッ ツルッ

めくれない…

いざセックスでは完璧だ

ザバッ

キラーン

モミ
モミ
モミ
んぱ
んぱ
レロ
レロ
爪の硬さがいっさい伝わらないので女は大満足です
フン
フン
クチュ
クチュ

イランイランの香りはプラシーボ効果で淫乱にさせる

漫画 なかむらみつのり

「イランイラン」という花をご存じだろうか？
香りに催淫作用があるといわれているのだが
アロマオイル
イラン イラン
全然ピンとこないんだけど
何だかよくわからない
ワン
ワン
しかし女ってのはアホな生き物なので…
この香りって催淫効果があるそうなんだよ
へえ
甘い香りがするー
クン
クン
体が熱くなってきたりしない？
たしかにそんな気もする
効いてるんじゃないの？
えーヤバイ
モミ
モミ
めっちゃ濡れてんじゃん
あん
あ〜ん何かめっちゃキモチイインだけど
ああんもっともっと〜
プラシーボ効果でしょうが使ってソンのない小道具です

潮吹きを無意識のうちにガマンさせないためタオルを敷いておこう

漫画☞松田望

お久しぶりです元編集部員のスズキです
ぼくが紹介するのは、潮吹きのテクニックです
すごい濡れてるじゃない
いやらしい液がどんどん出てくるねぇ
グチョ。。。
タオル、敷いとこうか
いくら濡らしてもいいからね
ス。。。
ポイントはこれ
潮吹きをしない子って周りを濡らさないようにって自制していることが多いんです
あっ。。。
シーツは濡れないから安心だよ
ビチャ
ビチャ
この技、最近編み出したんですが、打率10割の成功率を誇ってますよ
ブシャーッ
あぁぁ、でるぅ〜！

合法媚薬はまだ存在した! ジェネリックだけどけっこう効きます

漫画☞なかむらみつのり

媚薬を謳った商品を色々買った事がありますが

媚薬 ラブオーガズム

LOVE

女性を惑わせトリコにする! 最強媚薬

SEX P

フェロモン香水

効果の怪しいモノばかり

どんな感じ?

別にフツー

本当に良かったのはこの「PT141」だけでした

Pt 141

これ本当に効く媚薬のジェネリック品でして

Pt141

鼻から吸います

サラ

サラ

スーッ

トロ〜ン

どう

何かカラダが熱い

トロ〜ン

ねえ
チンポ
ちょうだい
サッ

ジュポ
ジュポ
ンパ
おいひい
チンポ
おいひい〜

狂ったように悶えてくれます

あひい〜〜っ

あったかくなるローションでカラダもアソコもポッカポカに

漫画☞サレンダー橋本

世間には星の数ほどローションが売られているが
トローリ
俺に言わせればベストはこれだ
ハーバルローションホット ¥933円
これどう？
あ、すごいなんかポカポカする
アソコに塗るともっといいよ
やだ、アツアツになった！
愛液と混じると温感が一段とアップするのだ
ズプリ
くう、あったけ〜なぁ
私も〜
そのうえ摩擦すれば
やべ！
あ〜スゴイ！
さらに温度は高まる
極楽じゃ〜
ホカ
ホカ
気持ち良すぎだなぁ
だねぇ
ホカ
ホカ
ホカ
温感ひとつでセックスの感度はここまで激変するのだ
イク！
特に寒い冬には欠かせないアイテムだ
裸でも寒くないな
ヒーターよりいいかも

ローションを膣に入れるならヌチャヌチャ感が重要だ

漫画 ☞ くみハイム

これでよしっと

ローションを入れて挿入してもビシャビシャ感が強いものですナ

普通のローションは案外サラサラしてるんですね

そこで粉ローションです
水で溶かすタイプなのですが
ローションの素

パラフ…
少量の水で溶かすとかなり粘度の高い液体ができます

ぐちゃ
これで挿入してみるとベトベトぐちゃぐちゃした感触が非常にイイ
ぐちゃ

なにコレ、すごーい!!
女の子も同じみたいです
ぐちゃ
ぐちゃ
ぐちゃ

常に持ち歩いておきましょう

プリプリのケツも いざ脱がせたら そうでもなかったりしません?

漫画☞シライカズアキ

ピタッとしてる
女の尻ほど
そそるモノは
ない
じーっ
プリップリッ

WOMEN レギンス

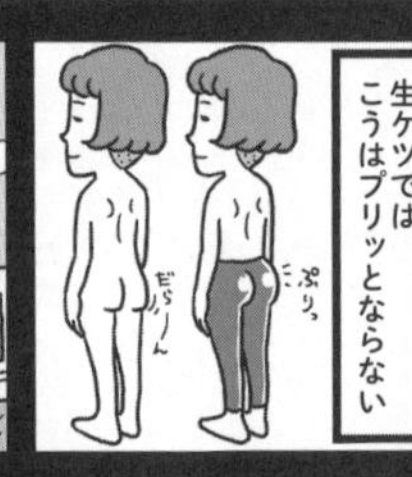
生ケツでは
こうはプリッとならない
ぷりっ

いざユニクロへ
行きましょう
UNI
QLO

買うべきはこれ
バーーン
レギンス
¥990-

チョキ
チョキ

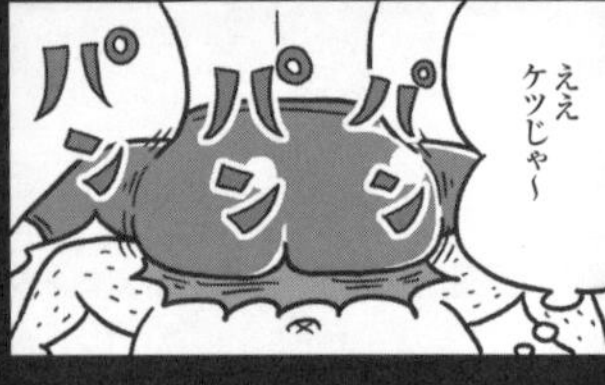
ええ
ケツじゃ〜
パン
パン
パン
パン

もうおわかりですね

うっひょ!
ぷりーん

ちなみに
色はグレーが
おすすめです

手コキさせるなら ゆっくりゆっくり もっとゆっくり

漫画☞タカヤマヒサキ

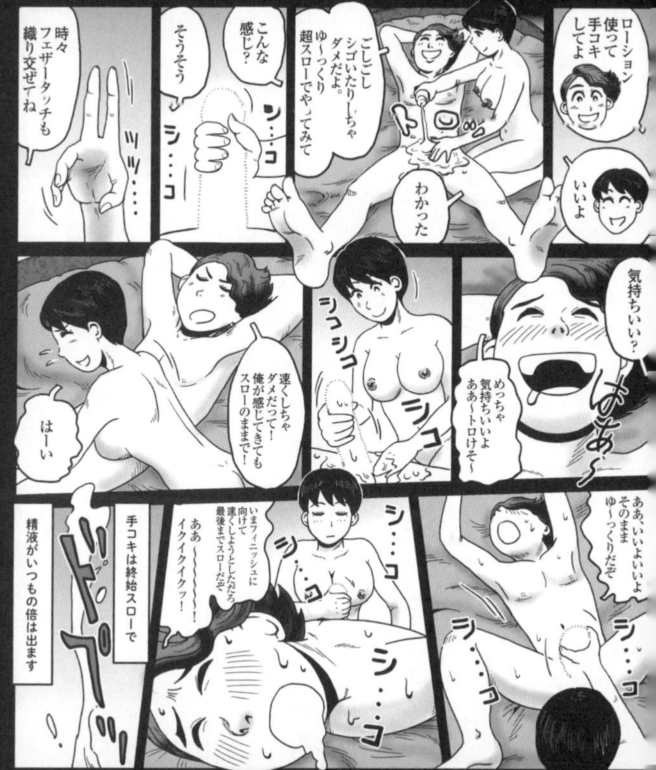
ローション使って手コキしてよ
いいよ
ごしごしシゴいたりしちゃダメだよ。ゆ～っくり超スローでやってみて
ドロッ
わかった
こんな感じ？
そうそう
シ…コ
シ…コ
時々フェザータッチも織り交ぜてね
ツツ…
気持ちいい？
めっちゃ気持ちいいよ ああ～トロけそ～
速くしちゃダメだって！俺が感じてきてもスローのままで！
シコシコ
シコ
はーい
ああ、いいよいいよ そのまま ゆ～っくりだぞ
シ…コ
シ…コ
いまフィニッシュに向けて速くしようとしただろ 最後までスローだぞ
ああ～～～～！イクイクイクッ！
シ…コ
シ…コ
手コキは終始スローで
精液がいつもの倍は出ます

神奈川のゲイが考案! じゅぼじゅぼフェラに使うモノとは?

漫画☞シライカズアキ

オレはオカマではないが、たまにその手の店へ行く
いらっしゃーい

神奈川のゲイから聞いたんだけど、水飴を口に含んでフェラすると、唾液がいっぱい出ていいんだって
聞いたことある

それ、向こうのゲイの間で流行ってるんでしょ?
そうらしいのよ

何だかよくわからないが
ジュポ
ジュポ

これ、男女のセックスに応用できるのでは?

…あのぉ、どのメーカーの水飴がいいとかあるんですか?

どれでもいいらしいですよ
興味あるの?
…いえ、そういうわけじゃ

ぱ
く
おっ!?

そんなわけで水飴フェラをしてみたいんだけど

ジュポ
ジュポ
ジュポ
ジュポ
こりゃいいわぁ

混乱する人々を見ながらのんびりフェラさせる。これが王様です

漫画 ☞ 大串ゆうじ

自宅
今夜は台風が接近するためご注意を
おっ!
コンビニ
チーズ
ビール
こちら○○駅前です。現在、台風の影響でJR全線で遅れが…
こんなときこそ
舐めてくんない?
フェラだ!
うん
新宿
うひょっ
ジュポ
かたや台風でずぶ濡れな人たち
かたや安全な部屋で気持ちいいフェラ
うひひ
ペロペロ
かたや駅で混乱する人たち
新宿西口
かたやフェラ
ジュポ
ジュポ
うひょ
どうでしょう、このキング感!
KING
ジュポ
ジュポ
ジュポ

頭を撫でつづけると いつまでもしゃぶるのが 女の習性である

漫画 ☞ しゅりんぷ小林

フェラといえば
カポカポ ふぐふぐ
レロレロ ガポポ
こんな感じか
ジュポ ジュポ
しゃぶ ぶぶぶ
こんな感じでしょうか
試しに こうしてみて ください
ス
ペタ
ナデ ナデ
サワ サワ
あ〜
気持ち いいよ〜
スリ スリ
優しく頭を 撫で続けていると
スリ スリ
んふんふ
不思議と チンポを愛でるような 優しいフェラになります
さらに
ペタ
両手を使って ナデナデすると
ジュポジュポ
舐め時間も 飛躍的に伸びていきます
う〜 最高 だよ〜
イク〜
飲んで
それはイヤ

タマの毛を剃っておけばペロペロ丁寧に舐めてくれますよ

漫画☞ 和田海苔子

フェラといえばこんな感じが相場ですが
あああ、気持ちいい〜
ジュポ・ジュポ

キンタマも乙なものです
お、お、おお〜…

でも女の子ってあんまり玉舐めしてくれませんよね？
アレ？もうタマ舐め終わり？

その原因はタマタマに生えた毛です
モワワワ〜

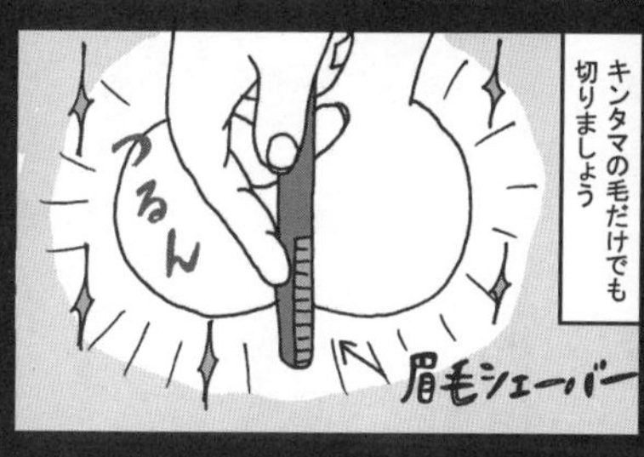
キンタマの毛だけでも切りましょう
つるん
眉毛シェーバー

剃刀やハサミは

危険なのでやめましょう

毛がなくなれば玉舐め時間は格段にアップします
ペロペロ
あああ〜

「お掃除フェラ」とは言ってはいけない。答えは「お疲れチュー」だ

漫画 ☞ くみハイム

ビクン
ビクン

お掃除フェラさせたい
さて、お掃除フェラはどうやってお願いするのが正解か

ねぇ、コレお掃除してよ
ムリ

汚いモノを処理するイメージですもんね

キレイにして
いやだぁ

だがオレが編み出したコレならどうか
気持ちよかったよ

コイツにもお疲れチューしてあげてよ

ありがとうもっとお疲れチューしてほしいな
チュ♡

ね？

とにかく疲れよ! プール後の気だるさはスローセックスに最適

漫画 ☞ 加藤おチャコ

ほら、もっとしっかり泳ごうぜ
セックス前のプール。これが最近の当たりプレイだ
……
もぞ…
もう大きくなってるぅ
プールの疲れでチンコはギンギン。気だるい雰囲気でのまったりセックスだ
ちゅぷっ…
ちゅる
ずっ
はぁ…
ぷ
ふぅっ
オレも
ああん
気持ちイイよぉ
ずっとこのままでいたいな
ぎゅうう…っ
あん…
ズン…
ズッ…
んッ…
はぁん…
究極のスローセックスというか。イイ感じに気持ちよさが続いていく

ずっとシャワーを出しっぱなしにしてワイルドな絡みを

漫画☞しゅりんぷ小林

お風呂場でエッチするとき
ザーー…
途中でシャワーを止めてませんか？
ギュッ
止めずに流し続けてみてください
え？
こお？
クルッ
するとー……
ザ
うひょー髪の毛がグショグショでなんかワイルドだぞ～
オレも～!!
ああっ!!
2人ともビショビショじゃあ!!
いいっ！イクッ!!
ザ
非日常的な気持ちになっていきます

意外と女って脱がされる姿を見たことがないんです

漫画 ☞ 丸岡 巧

おっと、それは
もったいない
スル…

鏡の前で
脱がせてごらん
ん？

チュッ
チュッ
ンッ……
アァン…

脱がされてる姿をちゃんと見て…
イヤ
恥ずかしい……
スルル…

スー…

ホラ…
見えちゃうよ……

イヤァァン

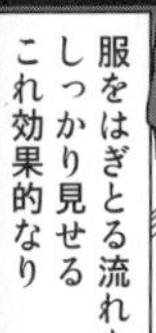
服をはぎとる流れを
しっかり見せる
これ効果的なり

絶対に声を出せない！イキ我慢の顔はこうすれば見られます

漫画 ☞ 神田 華

そういえばウルサイ客がいてさぁ。なにに対しても細かく文句言ってくるんだよね。
ガーーッ
大変だね
先ほどの会話はフリです どこに活きてくるかというと…
ココです
やべ、さっき言ってた客から電話だ
え？
もちろん演技です
はい村田です。はい、はい
はい、ああ、すいません。ええ…
しー
パン
パン
んっ、んっ
これこれ、この顔が見たいがための演技ですよ
そうでしたか。大変申し訳ありませんでした。はい、はい
ガシ
ガシ
ガシッ
ブル
ブル
ブル…
いい顔になりますよー

愛犬に見られてる…こんなことが恥ずかしいんですって

漫画 ☞ くみハイム

汚いけどどうぞー
そんなことないじゃん

ワンちゃんいるんだぁ
メルって名前なんだ、ほら、メルちゃんご挨拶して

キラーン
犬を飼ってる女とヤルときは、絶対コレだ

あんっ

ほら、メルちゃんが見てる前でしゃぶって

メルちゃんが見てるよもっと見せつけてあげなよ
グイ

イヌを意識させながらのプレイだ

メルちゃんが不思議そうに見てるよなんでイヌみたいな体勢なんだろうって
あん、ダメ、見ないでメルちゃん!

イヌみたいに腰振って!
ダメ、あああぁ!

あっ
あっ
ハァ
ハァ
興奮するでしょ?
あん

カンタン羞恥プレイ！ハメ撮りカメラを女の手に持たせてみよう

漫画☞加藤おチャコ

カタ…

ムフフ。これで撮っちゃうから

え〜…

はい

プレイ中の撮影はイイもんだが

より効果的なのはコレじゃなくて

？

フェラしながら自撮りしてみ

え？

こ…こう？

じゅぷっ

じゅるるっ

じゅぷっ

チラ…

自分がしてるエッチなコトを自分の目で確認させる

ヌプッ

ほら、突かれてるときどんな顔だ？ちゃんと見ろよ？

ああん、

いやあっ

ズプズンッ

あんッ

この顔がたまんないんだこれが

んんッ…

オカズにするのもこれまたよし

あんっ

はんッ

シコシコ

「ちゃった」しゃべりで身体が反応するヤラシイ自分に気づかせろ

漫画 加藤おチャコ

僕はエッチのときの言葉遣いに一工夫しています
あん
くい
くい
ナクビがこんなになっちゃって…
語尾に注目。『ちゃった』しゃべりです
興奮しちゃってるね
んふん
こっちもこんなに濡らしちゃってる
気持ちよくなっちゃった？
トロ…
うん…
こんなに濡れちゃって恥ずかしい…
いっぱい音でちゃってる
エッチなカラダになっちゃったね
ぴちゃ
ぴちゃ
あああん
イヤ、私ってすごくイヤラシイ
もう欲しくなっちゃった?
コクリ…
「ちゃった」=「してしまった」。つまり、つい身体が反応してしまった自分に気づかされて恥ずかしがるのです
ズッ
あっ
あん
ズプッ
ビクッ
いっぱい感じちゃったね
いやあんっ
ズ…ッ
ほら、イッちゃった

トイレに行くフリで本気オナニーをこっそり見物する

漫画☞松田 望

どう？
やばい～
ヴヴヴヴヴヴ

こういうのもしてみよっか？
ス。。。

いい感じでしょ？
あぁぁぁ～
ヴヴ

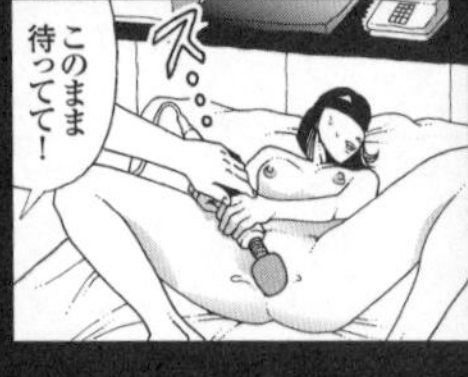
このまま待ってて！
ス。。。

ちょっとトイレ行ってくるから

ヴヴヴ…
バタン…

ドアの音だけさせて…
ソ～～ッ
ヴヴ

おほっ
ヴヴヴ
こうすれば自然なオナニー姿が見れます

鏡の前でのバックは正面からではなく横から見せてやれ

漫画☞シライカズアキ

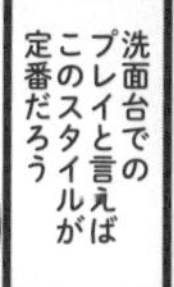
洗面台でのプレイと言えばこのスタイルが定番だろう

やらしいねぇ
ウヘヘ…
モミモミ
あぁん

ではどうするか
すっ…

ちょっとこっち向いて
?

パコ
ほら見てごらん
パコ
パコ
やだぁ

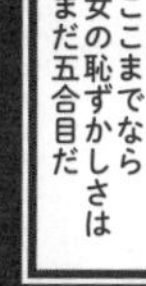
しかし、ここまでなら女の恥ずかしさはまだ五合目だ

こうやっておいて
スパーン
スパーン
スパーン
スパーン

こうだ!
くいっ
ほらちゃんと見て
やだぁ
パン
パン

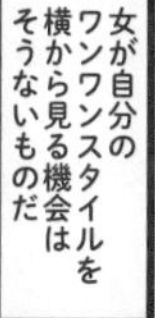
女が自分のワンワンスタイルを横から見る機会はそうないものだ

ぐいっ
動物みたいなことしちゃってるよ

犯されてるでしょ?
パン
パン
パン
パン
…うん

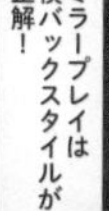
ミラープレイは横バックスタイルが正解!

アーーン
もうダメー

ちゃんと目視させて じっくりねっとり 局部を解説しましょう

漫画☞和田海苔子

鏡の前に座ってみな
うん

これでいい?
うん

ほら、見てごらん、ノリちゃんのオマンコ、開いていくからね
うん…

ほら、ノリちゃんのオマンコ、このビラビラが小陰唇だね
あん…

ほら、この皮をめくったらプックリしたクリトリスがでてきたよ
ん…

あれ? ノリちゃんのクリトリスが大きくなってきたよ。何でかな?
わかんない…

ほーら、ここの穴からヌラヌラしたのが出てきた
ああん…

ちゃんと見て。ヌルヌルして糸も引いてるよ
やだー……
ヌチャ

ヌルヌル擦ってたら、ビラビラもクリトリスも赤く充血してきたよ
ああ…あああん

ほら、ノリちゃんのオマンコに指が1本入っちゃったよ
あああ!あああん

本人に見せながらのマンコ解説は効きますよ

「私って変態みたい!」カーセックスでは女だけ丸裸にする

漫画 ☞ 麻々花

カーセックスの興奮を高める秘策だ
ブチュ〜〜
ああ〜ん
やだ〜
全裸にしてしまう
なんで私だけ脱いでるのー
1人で全裸になって変態だね
え〜自分で脱がしたんじゃん
なんで脱がないの？
……
この質問は無視だ
なるべく長時間この状態にしておくと
こっちにお尻向けてみな
え〜恥ずかしいよ
誰かに見られたときに自分だけ辱めを受ける状況に興奮するわけだ
おい、すげー濡れてんぞ
グチュ
グチュ
あっあ
やだ〜
ピクッ

上の口をふさいでも下の口はクチュクチュクチュ

漫画☞タカヤマヒサキ

最近、こんな遊びにハマってまして
んが喫茶
24H Cafe
ゴソゴソッ
ローション
トロ〜
静かにね
ポイントはこのクチュクチュ音です
クチュ
クチュッ
いくら口をふさいでも
下のお口は黙っちゃいません
クチュ
クチュ
クチュッ
クチュ
クチュ
クチュッ
ん〜ん〜
クチュ
クチュッ
これ以上の恥辱プレイがあろうか!
クチュ
クチュ
クチュ
クチュ
クチュッ

ピストンで力を込めるのは押すときではない引くときだ!

漫画 ☞ 室木おすし

せい！せい！
うりゃ！おりゃ！
ほとんどの男は勘違いしているピストンというのは激しく突けば突くほどいいのだと
あん、あん
あんま気持ち良くないなぁ
正解はこうだ
まず挿入時はゆっくりと
ズブズブ
根本まで入ったらしばらくそのまま停止
亀頭で子宮をグリグリするのもアリっす
で、チンコを引くときはできるだけ素早く！
ハッ！
アッ！

膣壁は突きの動作より引きの動きに快感を得る構造になっている
○
×
この仕組みを頭にたたき込んでおくべし
ゆっくり入れて
すばやく引く！
早漏防止にもなるので一石二鳥だ
もうダメ！イキそう！

挿入中に太もものキワをぐりぐりしてやろう

漫画 ☞ くみハイム

じゃあ
ほぐしていきますね
鼠蹊部のキワキワマッサージって気持ちイイですよね
おおっ
ぐり
ぐり
女の子も同じです
特にこんなときには最高でして
え、何するの？
ムフフ
なんか変な感じで気もちイイ
ぐり
ぐり
リンパが流れて
より深く挿入感に
なってくれるみたい
じわわん
じわわん
あっ、あっ、あっ
ぐり
ぐり
やばいコレ
ガクッ
ぐり
ぐり
ぐり
ダメ。
いくいく～
ピストンされなくても
いいみたいです
ぐり
ぐり

真珠チンコの代用に！丸い玉はダメ 綿棒ならズレません

漫画 ☞ 神田 華

真珠入りやからエエやろ？あ？
ガッ
真珠チンポってスゴそうだ
ガッ
堪忍して〜
誰しもマネしようと考えるだろうけど
これでどうだ
……
枝豆
あれ？
ズキッ
ズキッ
…いててて
ズレッ
ピストンすると動きまくるので意味がないのだ
ズレッ
では真珠の代用に何がイイかと言えば
ジャジャ〜ン
こ、これは
ズ…
なるほど、拍子木の役割になってズレないわけか！
ズッ
ズッ
ズレない突起は綿棒。覚えておこう
パン
パン
パン

入り口だけじゃもったいない。細い電マで子宮口を震わせよ

漫画☞室木おすし

電マといえばこんな攻め方が定番だが
ああ、気持ちいい〜
ブーン

この「電マレディ」を使えばより強烈なプレイが可能になる

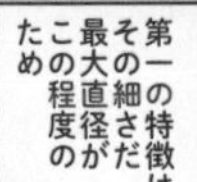

第一の特徴はその細さだ最大直径がこの程度のため
直径3.5センチ

ラクラクとマンコに入る
ズブズブ
マンコ

さらに奥へ…
マンコ
スッポリ

やがてたどり着く先は子宮口、いわゆるボルチオ性感帯だ
子宮口
いらっしゃいませ〜

ここで電マのスイッチを入れると…

カチ

どえらいことになる
ぎゃー!

頭がおかしくなる!イクイク!

2本使ってクリ攻めとの合わせ技をすればなおよし
死ぬぅ〜〜!
ブイ

とにかく女を虜にできます
もう病みつきになっちゃう〜
ブイ

締めすぎ注意。呼吸しづらい状態で手マンすると失神します

漫画 ☞ サレンダー橋本

こんな攻めや

ヴィィィィ

こんなプレイをするときは
チュク

事前にこういう準備をしておくといい

シュルルルル

ちょっと我慢してな
く、苦しいよぉ

横隔膜を圧迫した状態で激しい快感を与えることで
チュク
チュク
チュク

呼吸がしづらくなり

ああん！
うう！
はっ、はっ、はっ
はっ、はっ、はっ

絶頂時に失神するほどの気持ちよさが訪れるのだ
い、いぐ~

ただし締めつけをきつくしすぎれば事故にもなりかねない

オイ、大丈夫か？

パシィ

起きろよおい！

くれぐれもやり過ぎにはご注意を

これ、ヤバイね死んだかと思ったわ~
ああー良かった！

鳥のさえずり、水の音。ゆったりセックスは耳から入れ

漫画☞丸岡 巧

流行のスローセックスって
どうしたらいいか
わからないものだ

そこでオレは
ヒーリング
ミュージック
を使う
ピヨ
ピヨ
チチチチ
サァアアア

お互いにイヤホンで聴いて
外界の音をシャットアウト

んっ
プチュ
ピチャ
ペチャ
ピチャ

チュポ
チュパ

ズブッ
アッ

まったりと
身をゆだねよう

もうユルマンは怖くない。締まりをよくするツボが鎖骨の上にあります

漫画 ☞ 今井のりたつ

ユルマン、萎えますよね
……
スカスカ
そんなときはコレをお試しあれ
え、なに？
ズッ
ギュッ
ギュッ
あん
え？
ググッ…
！
おっ、いいじゃん！
ギュ〜〜ッ
ココを刺激することで、カラダ全体に力が入り、結果ユルマンがキツメになるわけです
あっ
ギュッ
ギュッ
はっ
あんあん、あーーーん!!
ギュッ
ギュッ
ギュッ
ビクビク
我々オトコのみならず女にとっても快感が増す一手ですね
痛いんだけど！
ぐぐっ
場所を間違えないように。鎖骨の上ですよ

手が勝手に動くんです。「もっと奥まで!」を体で表現させるには?

漫画 ☞ シライカズアキ

正常位で
パコ
パコ

こういう積極性
うれしいですよね
ぐい
ぐい
もっと
もっと

でもこれ
すぐ離れちゃうのが難です
ずるっ

そこで
バーン!

これ
握ってみ

そう
そう
ぐい
ぐい
あん
あん

すべらないので
グイグイしてくれます
もっと
奥まで
もっと!
ぐい
ぐい

我慢できなく
なるのが問題ですが
うー
もうイく!
もっと
もっと
ぐい

奥とGスポを同時に刺激するペニスと指のW入れ

漫画 ☞ 大串ゆうじ

長時間のプレイで
あーん あんあん
女の子がペニスの刺激に飽きてきたら
あん あん あん
こうして
え、え、何してるの？ あぁん、あぁ～ん
グイ
ペニスに沿って中指を入れる
ペニスと一緒に指も入れて
あ～ん
指で膣の上を引っ掻くように動かしながら
グリ
腰も同時に小刻みにピストンしてみよう
ああ～～ん！
膣の奥をペニスが
ズボ
ズボ
Gスポット付近を指が刺激して
グリ
グリ
ダブルの快感を生み出します
あ～～何かスゴイかも～～！

フウフウフウ、ズプリ！「三浅一深」の本当の意味を知っているか

漫画 ☞ 丸岡 巧

三浅一深
これ、ピストンの基本といわれる言葉です
浅いピストンを3回して
3 2 1
パン パン パン
深いのを1回と思いがちですが
ぐんっ
ズン
本来はそういう意味ではありません
ブブー
えっ ちがうの!?

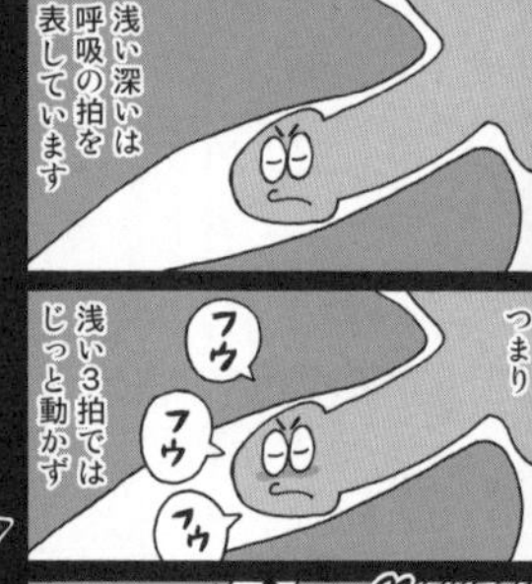
浅い深いは呼吸の拍を表しています
つまり
浅い3拍ではじっと動かず
フウ
フウ
フウ
ここで大きく突くのです
ふううう

フウ フウ フウ フウ
チュッ チュパ
こんなピストンになるわけですね
ズプリ

ベッドから頭を落とせば血が上って深い快感がやってくる

漫画 タカヤマヒサキ

ズンズンズンッ
あんあん!

気持ちいい?
うん、最高
ああん!

え、なに?
ちょっと
いい?

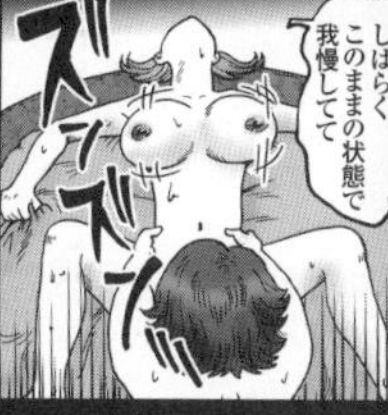
しばらく
このままの状態で
我慢してて
ズンズンッ

う、うう
き、きもひぃぃ…
ゼクーンゼクーン
頭に血が上ると
目まいのような
症状が起きるのだが

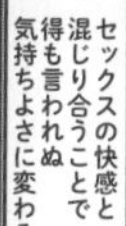
セックスの快感と
混じり合うことで
得も言われぬ
気持ちよさに変わるのだ
意識が
遠くなって
チョー気持ちよかった!

変化は数分と経たずに
やってくる
ヤバイ!
頭がクラクラ
してきた〜

ただし
脳の血管に負担をかけるため
多用は厳禁だ

ゴム破れ事故を装って中出しするには ラテックス&ココナッツオイル

漫画☞サレンダー橋本

ぬり
ぬり
これ、ローション代わりに使うと気持ちいいんだよ
へえ、いい匂いだね
ココナッツオイル
チュ
チュ
気持ちいいね〜
だろ?
ぬる
ぬる
ぬる
ぬる
ぬる
本番はここからだ
チンコにもたっぷり塗っておこうかな〜
うふふ
ああ、もうイキそう
私も!
ドピュ
げ、ゴムが破れてる!
え〜〜中に出しちゃったの?
ラテックス製のコンドームは油に非常に弱くカンタンに劣化する
ゴメンよ〜
中出し大成功!

すぐできる早漏対策。イキそうになったら口を開け

漫画 ☞ 室木おすし

あっ！
え、もうイッたの？
早漏ってカッコ悪いですよね
でもイイ方法があるんです
男ってのは射精感が近づいてくると無意識に息を止め
ピタ
腹の下にも力を込め
ぐっ

全身を硬直させてピストンをしているのですが
ガチ ゴチ
ここでこのような動作をすると…
はぁ〜
自然と全身の力が抜け射精感もピタリと収まるわけです
戻れ！戻れ！

で、また下腹部がモゾモゾしてきたら
あ、またイキそう
同様のことを繰りかえす
はぁ〜
ブイ
よし、収まった！
早漏の不安とオサラバです

アナル処女にはキシロカインを塗ってあげましょう

漫画☞タカヤマヒサキ

う、うん
絶対イタくしないでよ
じゃ
入れるよ
イッタ〜い!
もう無理!
初アナルセックスでこういう失敗をするともう二度目はない
いたいい…
必要なのはこれだ
ジャーーン!
キシロカインゼリー2%
20mg/mL
医療用の表面麻酔薬で
輸入代行サービス
代理入札・買い物代行
カチ カチッ
個人輸入代行で誰でも入手可能だ
アナルやその周辺に塗り込めば
ヌリ ヌリ
入れるぞ〜
挿入時の痛みなど一切なくカンタンに合体できる
え、もう入ったの?
そうだよ
ゲイの愛用者が大勢いることでもその実力の高さはわかるだろう

AV男優直伝。即2回戦を可能にするツメ揉み法

漫画 ☞ 加藤おチャコ

うっ
イクっ！
ドピュッ
ねえ、もう一回しようよ
ふー
いやすぐはムリだって
ムリじゃありません
もぞ もぞ…
即ボッキが難しいのは射精後の脳が極度の緊張状態にあるからなので
プル
プル
ゆる～…
それを取り除いてリラックスすれば即ボッキは可能なのだ

リラックスするには『爪生え際モミ』が一番イイ
ぎゅ
ぎゅっ
しゅっ
しゅっ
ぐぐぐっ
おおっ
むぎゅ
ぎゅっ
両手の各指を20秒ずつ揉むだけ。AV男優も勃起させるために使う方法だ
うおー！
薬指だけは逆に緊張する効果があるためそれ以外をすべてやれば
ガバッ
あんっ
はい、このとおり

何度もイケる! 賢者タイムを回避する魔法の薬

漫画☞なかむらみつのり

射精後に襲ってくる"賢者タイム"って鬱陶しくないですか
ボーッ

回避できればそのまま2回戦に入れていいじゃないですか
…ちょっと待って
ねえねえ

そこでこんな薬を発見しました

個人輸入代行
オオサカ堂
商品名「カブゴリン・1箱8錠」

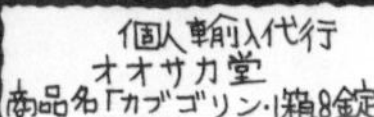

値段「2900円」

商品説明にはこう書かれてましたが

「主に高プロラクチン血症
パーキンソン症候群などの
治療に使用される
薬剤です」

口コミが気になりました

レビュー件数「22件」
- 「賢者タイムのために飲んでいます。半錠を週に1回金曜日に飲んでます」
- 「セックスをする朝に飲んでいますが抜かずの2回ができるようになりました」
- 「賢者タイムが少なくなりました」

さっそく試してみることに

毎日一錠飲み
ゴクッ

4日目
ドピュ
いくぅ〜

あれ?
チュポ

このまま全然ヤレそうなんだけど

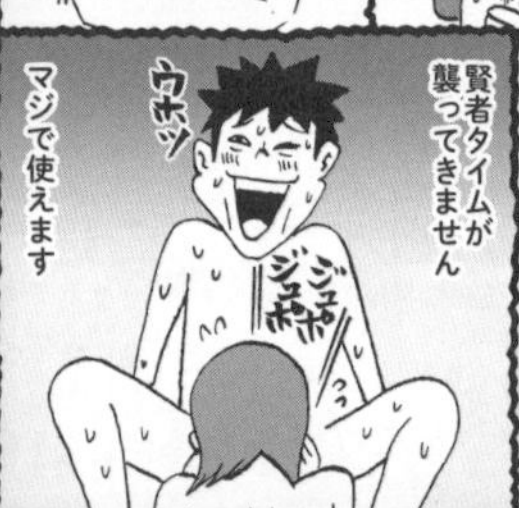
賢者タイムが襲ってきません
ウホッ
ジュポジュポ
マジで使えます

出したらすぐシャワーに向かってるようじゃ女は愛想を尽かすぞ

漫画 なかむらみつのり

ああーイク～
ドピュ
あ～ん
ふぃ～
普通はすぐ抜いてシャワーにでも向かう所だが…
スッキリ
抜かずにじっとしましょう
ギュッ
クサイ台詞を口にしながら
まだくっついてたいな
肌が気持ちいい
うん
ぬくもりを感じるよ
チュッ
うん
ずっとつながってたいな
うん
ギュ
チンコがすっぽり抜けた所でようやく離れましょう
ニコ
偽りでも、愛を与えておけば女は離れません
ワル

精液たっぷりがマンゾクの証だという誤解を利用せよ

漫画☞和田海苔子

女の子って
うう、イクイク！
精子の量が多いほど男の満足度も高いと勘違いしてます
いっぱい出たね
だから精子が少ないと落ち込むんです
ああ～気持ち良かった
……
そこで
ズン
ズン
あ～やばい、そろそろイキそう！
ああ～イクイク
あんあん！出して～！
ああ―出てる！
あ～～
うああ～、まだ出てるよ！
ドクドク出てるよ～
あーすごい～
すごい、いっぱい出ちゃった…
ぐったり
ほんとに～
出まくってるフリで女の子のテンションは上がりまくりです
気持ち良かったなー
なんか、すごい嬉しい～
ゴムは見えないように片付けましょう
カサ
カサ

ヤリ飽きた女でも婚活パーティでモテやがるとまた抱きたくなる

漫画☞今井のりたつ

いくら可愛い彼女でも飽きてくるもんだ(お互いに)
はっ
はっ
……
そんな感情を吹き飛ばすため彼女をココに連れていってる
ワイ
ワイ

素敵ですね。こんな女性と付き合えたら嬉しいなぁ
そんなコトないですよ

あの、今日終わったら飲みに行きませんか? オゴリますし
うーん

ズラ〜

これだけで異様な優越感にひたれる
ニヤッ

では終了しまーす
パチ
パチ

……

オレはこの女を抱いてるんだぞ!
ああン!
となるわけだ

彼女がある程度のルックスでないと逆効果なのでご注意を
ぽっ〜ん

「オレたち相性いいよね」と言い続けると、無茶なプレイに応じるようになる

漫画☞麻々花

セックスにも相性の善し悪しがありますが
なんかしっくりこねえな…
ズコ
ズコ
でも女の子はよくわかってないことが多い
相性？ いいのかな？どうかな？
エッチするたびに言い続けてみよう
俺達って身体の相性いいよね
そう？
ズコ
ズコ
あ〜気持ち良かった。やばエッチの相性いいよね俺たち
別の日
ズッコ
ズッコ
そうかもね〜
これを繰り返していると
また別の日
ズッコン
ホント、カラダの相性いいわ〜
だよね〜
ズッコーン
女の子も本当に相性がいいと思うようになり
私たち、カラダの相性いいよねー
だよなー
積極的になったり
ペロ♡
舐めてあげる〜
ムチャなプレイにも応じてくれたりする
お尻に入れてもいい？
関係も長く続きいいこと尽くしだ
ズッ
ホント俺たち、カラダの相性いいよな
ズッ
あ♡
あ

「寝るだけだから」とラブホに連れ込んだら本当に寝かせるが吉

漫画 ☞ 大串ゆうじ

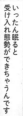

ねえ、行こうよ。寝るだけだから
HOTE
えーホントに？
ホテルの室内
ガバ
え〜
ダメ！ エッチなことしないって言ったでしょ！
よくあることです
お願い！
ダメ！

こんなときは本当に寝かせましょう
わかった 寝よう
うん

行動を起こすのは朝になってから
おはよー
うーん むにゃむにゃ

ブチュ
モミ モミ
んん… ああん

なぜかすんなりヤラせてくれます
レロレロ
ああああん
グチュ グチュ

ガシガシ
うりゃー！
もう〜 約束が違うよ〜 あーん
いったん眠ると受け入れ態勢ができちゃうんです

私たち、こうしてエロ写メを送っちゃいました…

リポート　6人の女
漫画 麻々花

ネットに出回る
こんな写メ

不思議なのは
この子たちが
こんな写メを
人に見せちゃってる
ことです

そうじゃなきゃ
出回らないわけだし

でもそれには
いろいろ事情が
あるようで…

その①
出会い系掲示板

ワリキリで遊べる人
いませんか？
渋谷区　20代前半

ヒマな人、遊ぼう！
＼(^o^)／
新宿区　30代後半

男『ホ別、イチゴーでどうですか?』
コチラ『ゴムは着けてもらえますか?』
男『もちろんですよ。よかったら、雰囲気のわかる写メ送ってもらえない?』
コチラ『え〜、それはちょっと…』

次行くか…

ピーン♪

もしキミがタイプだったら
多めに払うよ。
ニーゴーは約束する。

え〜

………

パシャ

撮りました。
こんな感じです。

………
ピン♪

超タイプだよ！
裸の写真も
見せてもらえたら
4万にするけど
どうかな？

4万か…

パシャッ

こんな感じなんですけど……。

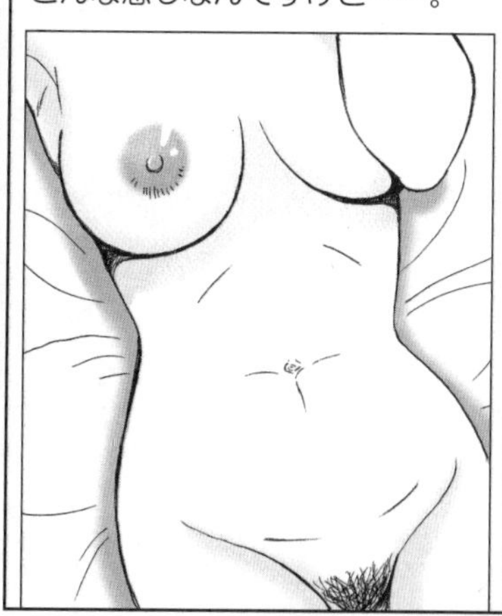

……
返信来ない…
ゾッ…

お小遣い欲しい人、割のいいアルバイトあるよ。

その②

興味あります。送信

連絡ありがとうございます。
実はアルバイトというのは、自分のエッチな写真を撮って、こちらに送るだけ。自宅で手軽にできますよ。

ふーん

写真1枚につき
1000円の謝礼を
差し上げます。
謝礼はアマゾンの
ギフトカードでの
お支払いとなります。

コチラ『先にギフト券の番号を
教えてください』
男『いえ、謝礼は写真を送って
もらってからになります』
は!?
そんなの信用できないし!

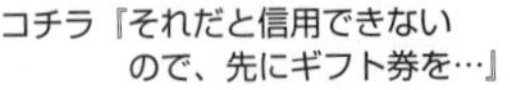
コチラ『それだと信用できない
ので、先にギフト券を…』
男『いえ、先に写真を送って
ください』

……
この問答を繰り返すうちに

わかりました。先にギフト券の番号を送ります　abcd5214972

わ、ダマシじゃなかったんだ

それじゃ
パシャ

ところが
カチャ カチャ
…あれ?

入力したクーポン番号が
認識されません。
番号をもう一度ご確認の
うえ、再入力してください。

この番号使えないじゃん!

くそ〜!!

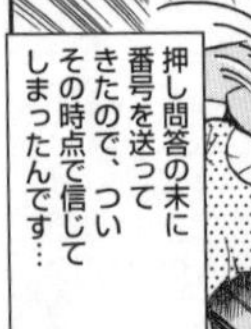
押し問答の末に番号を送ってきたので、ついその時点で信じてしまったんです…

その③
その人とはLINEの掲示板で知り合って、毎日やりとりしてたんですが…

ユカちゃん可愛いよねー
そんなことないよ
だってラインのアイコン写真可愛いじゃん
そっかなー

確かにちょっと上手く撮れた写真を使ってたんです

で、ある夜
ユカちゃんのこと考えてたらエロい気分になってきた
私もそうかも

濡れてる？
少し…
こんな他愛のない会話をした途端
エロ写メ送ってこいよ
え…

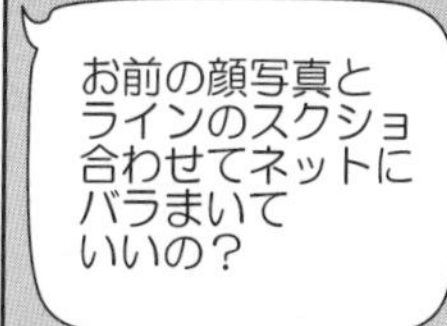
お前の顔写真とラインのスクショ合わせてネットにバラまいていいの？

……
たぶんバレっこないけど怖くなってしまって
これでいい？
もっとだ じゃないとこの写真も合わせてバラまくぞ
パシャ……
もうズルズルです

その④

婚活パーティ

どうもはじめまして

山下由里さんっていうんですね

はい

最寄り駅は吉祥寺ですかいいとこですよね

そうですね～便利だし

これくらいの情報は言っちゃうじゃないですか

今日カップルになれなくてもいいんで、ラインだけ交換してもらえませんか？

あ、いいですよ

これくらいも普通するじゃないですか

そしたら…

22:18

裸の写メちょうだい

え？

ビラにお前の本名と婚活パーティに参加してる女だって書いて吉祥寺駅に貼りまくっていい？

そんなビラ、知り合いとかに見られたらどうしよう…
山下由里は
婚活パーティに参加しまくり、ＬＩＮＥ交換しまくっている節操のない女!!
（山下由里は吉祥寺駅付近在住の３０代）
パシャ…

1枚送ったら
あとは滅茶苦茶です
既読
22:37
今度はマンコの
アップ送れ！
パシャ…
ううっ…
その⑤
SNSで知り合った男と
ちょっとした写真を送り
会う仲になったんですが
あるとき
パシャ
家を出たら
虹がキレイだった！
送信♪

すると
裸の写真送ってこいよ

???

え〜〜!?
お前の家の場所、だいたいわかってんぞ

へ？

虹の手前の電柱に…

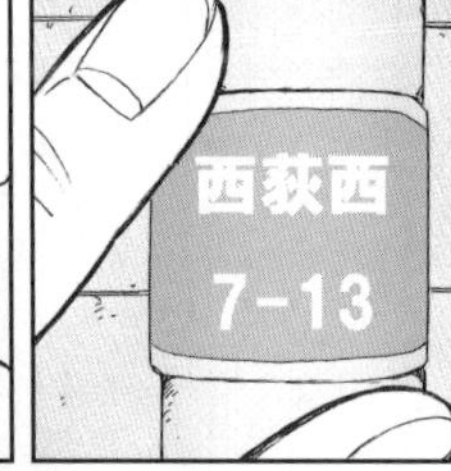
西荻西
7−13

ヤバ…

その⑥

エッチな写メ送ってよ
え〜
消えるトークアプリって知ってる？これ使えば写真を送ってもすぐに消えるし安心でしょ？
ほんとに消えるの？
試してみてよ

……
メッセージや写真が消える！

へ〜、ホントだ じゃ、送っても大丈夫かな…
消えた？
どう？
消えてるよ

着信してもすぐに
消えてしまい、スクショも
撮れない仕様だったので…
パシャ

ピン♪

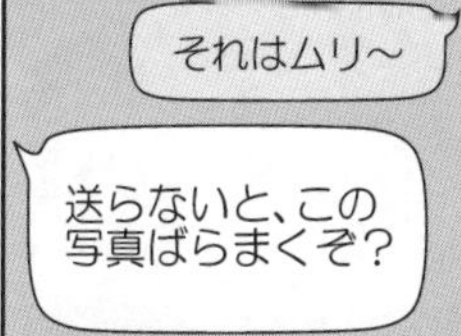
マンコ写真も
送れよ
それはムリ～
送らないと、この
写真ばらまくぞ？

こうやって撮られた
みたいです

女性の皆さん
気をつけて

どうせ乳首やクリ攻めでしょと思わせておいてキスをしまくる

漫画 ☞ 和田海苔子

キュッ

べろん
こんな感じにされるんだろうな

べろん
こんなのもありがち
この状態になったら何が行われるか女は飽き飽きするほど知っている

じっ
そこで、裏切りが効く

レロレロ

レロ
やだ、これから何されるんだろ

キスのみというプレイの意外性と、局部になかなか行かないことの焦らしこれが女をビショビショにする

あん、ハァハァ…

ビクビクッ
ああ！ヤバイ!!
ペロッ
感じまくってくれます

脱ぎかけのシャツを口にくわえさせれば凌辱感たっぷり

漫画 ☞ 和田海苔子

脱がせてあげるよ

Tシャツはあえて脱がさず
……
ピタッ

裾を口にくわえてもらいましょう

口でおさえといて
うん

……

クンニ開始です
ん……

んん～

口にくわえさせると陵辱感が高まるんです
んんん～～～!!
ガクガク

抜いて拭いて舐める。この繰り返しでマン汁ペニスも無抵抗に

漫画☞くみハイム

んっ、んっ
パン
パン
ヌ
ポ
これ、あるあるですよね
ちょっと舐めてよ
ひきー
え～
それはちょっと…
そんなときは軽く塗らしたタオルを置いといて
ヌ
ポ
フキ
フキ
これならいいでしょ？
うん
これを何回か続けていくと
フキ
フキ

舐めて
あむ

パン
パン

ヌ
ポ

またお願い
うん

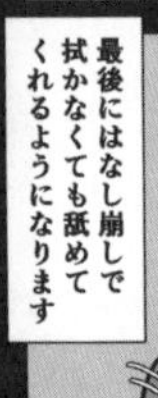
最後にはなし崩しで拭かなくても舐めてくれるようになります

下手くそフェラがティッシュ1枚で唾液じゅぼじゅぼに

漫画☞麻々花

ちょっとフェラしてよ
ズルッ

カポ
うーん…
カポ

なんかイマイチなんだよねもっと唾液絡ませられない？

えー、そんないっぱい出ないって
そっか…じゃあちょっと待ってて

シュッ

これを親指くらいの大きさに折ってと…

※5回折ると親指大になります

何してんの？
いいからいいから口開けて
ジャー

この濡れティッシュベロの下に挟んでみて
…？

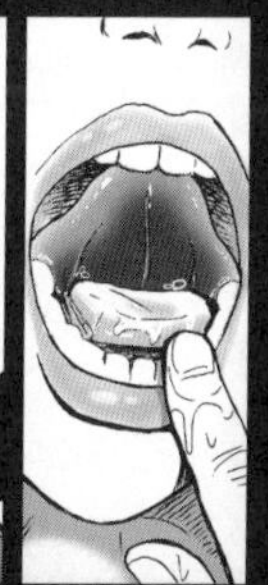

これで出るでしょ？
ゴクゴク

おお〜最高！
ジュッポ
ジュッポ
お試しあれ

ごぶさた系の人妻は顔全体で硬いチンコを味わい尽くす

漫画☞プーリー

ひさしぶり〜
HOTEL
ソフィー
舐めろ
はい
不倫人妻に効果的な遊びがある
ぐい
ちゅぽん
ああん、イヤ……
ヌル
ヌラ
ヌラ
ジュン
またしゃぶらせて
あぁぁ
飢えた人妻はチンコを顔全体で味わう
ああ、もっと舐めたい
ずっとペチペチしてやろう

ブスのは舐めたくない…。ラップ越しのクンニが結構イイんですって

漫画☞シライカズアキ

ガポ
グポ

…私のも舐めて

そこそこ美人相手じゃないとクンニは気が進まないわけだが
そうねぇ！

ちょっと待って

ムレラップ
ムレラップ

何なに？

これがいいんだよ
レロ
レロ

ちょっと、マジで？

あっ、でもイイかも
けっこうイイかも

ニヤリ
ツルツルの感触が意外とよく効くのだ
レロ
レロ

イイ。すごいイイ。もしかして直接舐めたくないからかと思ったんだけど～
イイでしょ？
アーン
ま、本音はそういうことなんだけどね

湿布のプニプニがクンニの代用になるなんてありがたや

漫画☞麻々花

男たちの強敵・クサマン
むわわわわわゎ
我慢してクンニはしんどいし
おぇ〜…
ピチャ…
ピチャ…
かといって手マンでごまかすと
クチュ
クチュ
あの、舐めてほしいな…
う、うん…
クサマン女にはこの方法がおすすめです
あ、ちょっと待って
持ってきてよかった〜
湿布
ぬるま湯で1分ほどふやかして…
ピチャ……
できた！
デロ〜ン
なにそれ〜しっぷ？
そう。これクンニの100倍気持ちいいから試してみようよ
えっ、何コレ!?あんっ！
ヌトッ
ヌルヌルしててほんとにクンニみたい！
あっ！本当にクンニよりいいかも！
マン臭も緩和されるので一石二鳥です

イキそうな気配を察したときに、手マンのスピードを上げていないか？

漫画☞サレンダー橋本

あん、気持ちいい
あん、イキそう
なに、イキそうだと？ではでは…
うおおおおお
シュッ
シュッ

女がイキそうになるとつい攻撃の手を強めてしまうのが男のサガですが
セックス研究家
こういうとき女は
内心どんなことを考えているかご存じか？
なんでスピードアップするのよ！そのままの方が気持ちいいのに！

おわかりかな？
スピードアップ前の力加減が良かったからこそ絶頂感がやってきたのだから…

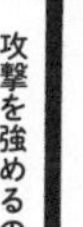
攻撃を強めるのはむしろ逆効果

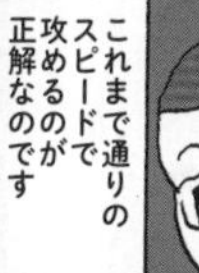
これまで通りのスピードで攻めるのが正解なのです

ズッ
ズッ

イクッ！
でしょ？挿入の際も同様ですよ

繊細さを愛するレズたちはアソコをいじるときに小指を使う

漫画☞サレンダー橋本

レズの世界では

クリいじりの際も
ズブ
ズブ

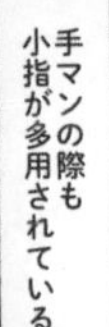
手マンの際も
小指が多用されている

痛いッ
人差し指や
中指での愛撫では
刺激が強すぎるからだ
ピシッ

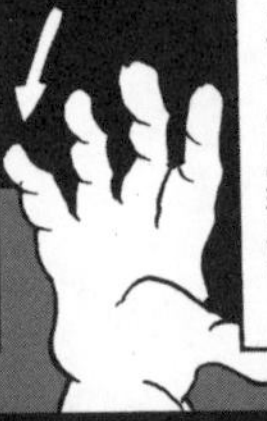
もちろんこの理屈は
男女間でも有効だ

気持ちいい！
頭おかしく
なりそう

トロけそう
上手すぎ
なんだけど！

超いいわ〜〜
気持ちよくてヤバい

この指の
おかげで
セックス
マスターに
なれました
キラーン

指曲げ！回転！浣腸フォームでヒダヒダを刺激せよ

漫画 ☞ 今井のりたつ

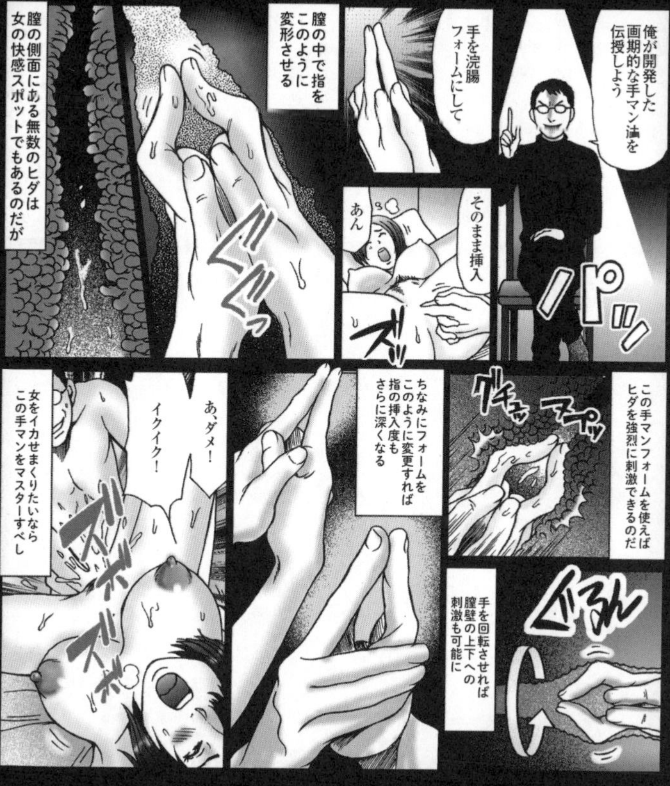

俺が開発した画期的な手マン法を伝授しよう

パッ

手を浣腸フォームにして

膣の中で指をこのように変形させる

そのまま挿入

あん

ズッ

膣の側面にある無数のヒダは女の快感スポットでもあるのだが

ぐぐっ

この手マンフォームを使えばヒダを強烈に刺激できるのだ
グチュ
ヌプッ

手を回転させれば膣壁の上下への刺激も可能に
ぐるん

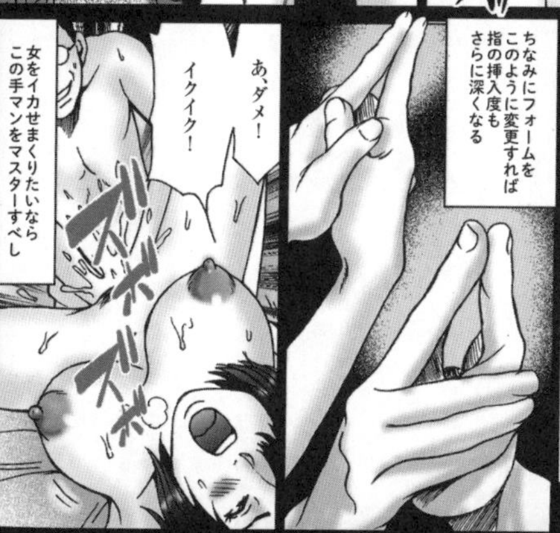
ちなみにフォームをこのように変更すれば指の挿入度もさらに深くなる
あ、ダメ！
イクイク！
女をイカせまくりたいならこの手マンをマスターすべし

乳首コリコリはヒートテック越しがよく効くそうです

漫画☞麻々花

着衣おっぱい、楽しいですよね
あん♡
ああん
もみもみ

この着衣おっぱいを10倍楽しむ方法があります
マジ？

それはユニクロのヒートテック

生地が薄く、繊維も細かいので
うひょ〜!

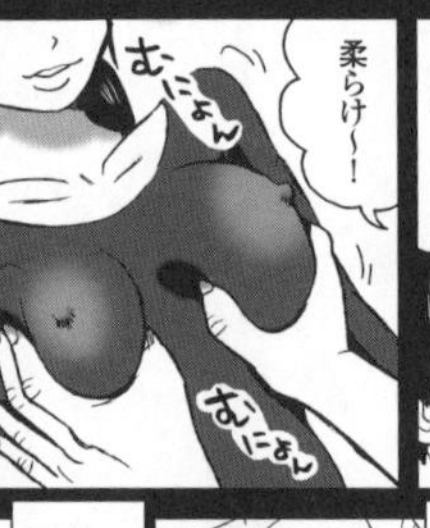
柔らけ〜!
むにょん
むにょん

気持ちいいのは男だけじゃありません
コリコリ

繊維が細かいため、普通に触られるよりも気持ちいいんです
あ、これヤバい!
クニクニ

オナニー中毒になる人もいるほど
ハァ
ハァ
クニ
クニ

ワンサイズ下のを着せると、さらに興奮できますよ
ぴち〜〜っ
ムチ

乳首舐めをおろそかにするべからず。とにかくしつこく攻めよ

漫画 ☞ タカヤマヒサキ

あ…ん
ああぁ…
乳首ってのはナメればナメるほど
感度が増すんです!
Nipple BEST!
ペロペロペロロッ
このように乳首舐めをおろそかにする男がいるが
実にもったいない
ナメ方はいたって普通
ヘタな小細工はいらないのでただひたすらナメるべし
ペロ
ペロ…
レロレロッ
しつこくしつこく
まだまだ
チュウチュウ
チュウ
チュウッ
ま〜だまだ
あふっ
はぁあんっ
ダメ〜たまんないぃ!
最低でも200回コレだけで絶頂する女性もいるほどです

乳首が感じないとお嘆きの貴方、このマシンでゆっくり開発してください

漫画☞和田海苔子

……

乳首は触り続けると
これ
これ

快感神経が増えて開発されていく
外部からの刺激
快感神経

最も効率良く乳首開発できるアイテムがコレだ

鍼灸用のエレキバンで
チクニー(乳首オナニー)マニアたちの間では定番のアイテムだ

こいつを乳首に貼って
うっ、チクっとした!
ペト

日に何度か指で刺激を与え
……

数日後に剥がして乳首オナニー
はあはあ

これを繰り返す
ペト

一ヶ月後には格段にレベルアップできます
ビクッ
ひぃ〜〜

クリトリスの隠れたトコは恥丘の下まで伸びてるって知ってました?

漫画 ☞ 和田海苔子

クンニはマンコを舐めればいいと思ってませんか?
ズル

脚開いてみて
うん

ワサ
ワサ

大事なのはここ
あ〜〜
さわ
ねっとり
さわ

なんか気持ちいい〜

女性のクリトリスは根本が上まで伸びているので
恥骨
クリトリス

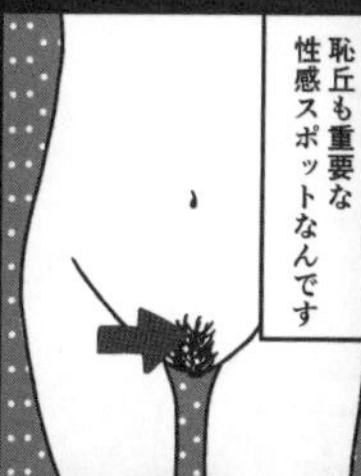
恥丘も重要な性感スポットなんです

たっぷり時間をかければ焦らし効果も抜群
もう我慢できないよ〜

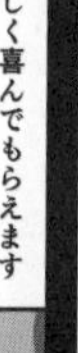
激しく喜んでもらえます

ベロ
ベロ
ベーロ
ああっ…!!

敏感クリちゃんは裸に剥かないで指でサンドしてあげよう

漫画 ☞ 和田海苔子

クリトリスは
つい皮をむいて
触りたくなるけど

痛がられるだけ

痛い痛い！

まずは二本の指を
ツバで濡らして

根本から先端までを
挟み

あん

ゆっくり前後に
クニクニ

ああ、ああ

ふり
ふり

勃起してきたら

プクー

今度はチンポを
シゴくように
縦の動きに

ああ…あああ！

シコ

ヌル

ヌル

シコ

ときには早く
あああ〜
カク
カク
カク
カク
再びクニクニ
ひぃぃぃ…
ふり
ふり
この組み合わせで
すぐに絶頂です
イク、イク〜！
ぴーん

ベッドインしてから肌をサワサワサワサワ30分間もったいぶる

漫画 ☞ くみハイム

シャワー浴びていざベッドイン

でもすぐには始めません
もっとくっつこうよ
うん
ぎゅっ

スリスリスリ

スリスリスリ
スリスリスリ

はっ
スリスリスリ
はっ
スリスリスリ

これを30分
はぁ
はぁ
さわさわ
はぁ
さわ
さわ
はぁ

ごめん、もう我慢できない！こんなになっちゃった！
びーん

実は私も…
ぬれっ…

じゃあ始めっぞ！
レロレロレロレー
じらし合い30分。すさまじい効果です

100均のパンティ&ストッキングを切り裂く疑似レイププレイ

漫画 ☞ サレンダー橋本

こういった店には
100円SHO
こういうモノや
こんなモノまで売られている
そこで僕は…
これに着替えて
うん
着替えたよ
いいねー
おらっ！
ビリリ
あっ！
おい、動くんじゃねーぞ
パチン
ああっ
きゃっ！
もうビショビショになってんじゃん
いやーん
これだけのことでも女は大コーフンしちゃう生き物なんです

男も女もパイパンになってヌチャヌチャと性器をこすりあわせる

漫画 大串ゆうじ

脱毛クリニック
じゃあ行くか
うん
ラブホ
ツル ツル
私たちツルツルカップルがハマっているプレイを紹介しましょう
イチャ
イチャ
これが大事だよな
うんうん
ぬり ぬり
アソコにローションを塗る
はあ はあ
ネチョ ネチョ
パイパン・パイチンで性器をこすりあわせるのだ
あー、ヤバイ…
陰毛があると魅力半減だけど
うーん
なんかちょっと…
ツルツル同士だとこれがもう!
会いたかったよ
最高!
つる つる つる
ガシッ
やっぱこれだわ
ネチョ ネチョ
ああ~ヤバイ ヤバイ
ネチョ ネチョ
挿入しない
挿入なしでもめっちゃ満足できる

側位のときは女に布団を抱かせて落ち着かせよ

漫画☞渡辺貴博

zzz
女ってこんな寝方をよくしてますよね
実際、抱き枕コーナーなんかが好きそうだし

寝具コーナー
抱き枕
これ良さそう!
いやされそー

そうだ!

この体位では
入れるよ
…うん

ふむ
隙間

ちょっと待ってね
ガバッ
?

グル
グル

これ抱きなよ
あっ、うん
ギュッ

ああん、何かすごくいい

キスするときは上アゴの裏を舐めつづけてみよう

漫画 ☞ 室木おすし

ブチュ〜

ぬちゃ
ぬちゃ

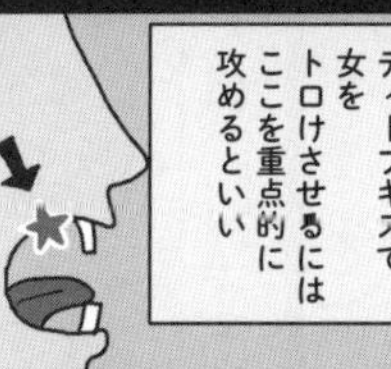
ディープキスで
女を
トロけさせるには
ここを重点的に
攻めるといい

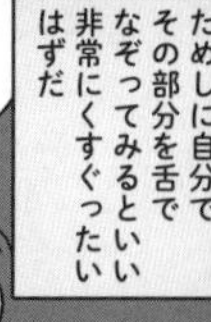
ためしに自分で
その部分を舌で
なぞってみるといい
非常にくすぐったい
はずだ

お、
なんか
変な感じ

他人に
ここを
舐められると
……
ちょっと
口を大きく
開けて
上を向いて
みて
こう?

ベロン

ペロ
ペロ
ペロ
あぁっ

何これ
すごい!
ペロ
ペロ
ペロ
ペロ
ペロ
ペロ
脳天に
電気が
走る
ああ、
もう私…
ペロ
ペロ

ビクン
ビクン
これだけで
絶頂する
女もいる
ほどだ

バックのときは重心を後ろにかければチンコが奥へ届く

漫画 ☞ サレンダー橋本

男ってバック好きが多いですよね

実はこのバック
ちょっとした工夫を加えると女に与える快感をさらに増加できるんです

通常のバックの場合男はこんな感じでヒザ立ちの姿勢になるが

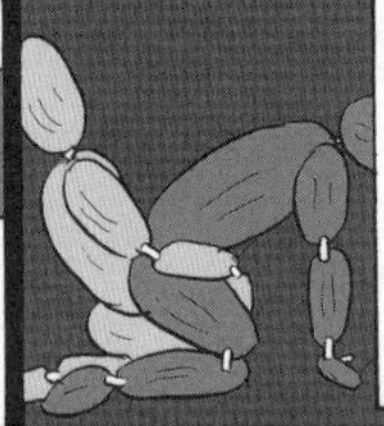
僕が提唱するバックはこういうスタイルになります

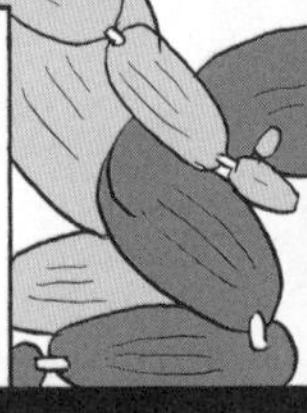
わかりますか？女の腰に手を回しケツを太ももの上に乗せるような形で抱きかかえ

ぐいっ
なおかつ男は重心を後方に反らしてるんです

このバックのいいところは通常のソレよりチンコがマンコの奥に届く点です

つまり子宮にチンコがバンバン当たりまくると
うりゃうりゃ！
ひ〜

失神する子もいるほど強力なのでぜひお試しを
ぐた〜

口内フィニッシュは騎乗位からだと楽チン楽チン

漫画 ☞ 丸岡 巧

出る…出すぞっ飲めよ!!
ハァ
ハァ
ウン
パン
パン
ドテドテ
ヌポッ
ふぃ～
ビュッ
口内射精ってしんどくないですか?

なので、この方法を女に仕込みましょう
ハァ
ハァ
ズッ
ズッ
ズ
アッ
アッ
いいぞいいぞ!
あっイキそう……!!

00:01
スポッ
00:02
パクッ
うう～ッッ!!
ドピュ
ピュ
ピュ
センスのいい女ならすぐマスターできますよ

騎乗位の上下運動は枕を置くことで大幅に可動域アップ

漫画☞丸岡 巧

ツププ…
んッ…♥

あん♥
ズプッ

騎乗位って、男のほうはイマイチですよね
あぁン♥
ズン
アッ
ズンッ
……。

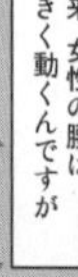
本来、女性の腰は大きく動くんですが

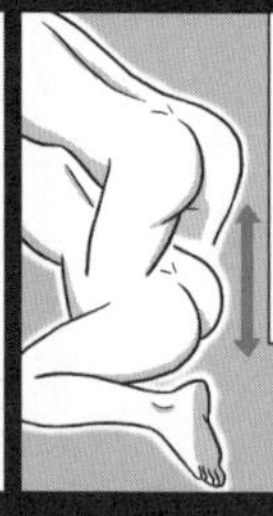

上への可動域には限界があるため、ピストンが弱いんです
もうちょっと動かせない？
う〜ん……

この問題、こうするだけで解決します
これヒザの下に敷いてみてよ
いいけど…
？

ギシ
ギシ
あっ動く動く！
ニヤリ

女性の感度も上がるのでいいことずくめです
アアッすご〜い！
パン
パン
パン
パン

絞られすぎにご注意を！
もっと〜ッイク〜ッ
ズプ
ズプ

ヤマトなでしこは正座をすると、何事にも丁寧になるようです

漫画 ☞ シライカズアキ

手コキやフェラが雑な女を指導するのは難しい
…もうちょっとねっとりした感じでやれない?
チロ チロ
しこ しこ
このタイプはだいたい理解力がないし
えー、よくわかんなーい
そこでこう
じゃあ、正座してみてくんない?
キョトン
それでやってみて
おっ
すぅ…
チュパ チュパ
いいねぇ
すっ…
日本人には「正座=丁寧にしなくちゃ」という意識がすり込まれているのでしょう
ガポ ガポ
かなりマシになりますよ
ガポ ガポ

エロ動画でフェラ予習させるならゲイビデオが確実

漫画☞渡辺貴博

もっと包み込むような感じでやってくれないかな?
ジュポ
ジュポ
チュパ ジュポ
…違うんだよなぁ
わかったー
じゃあね
じゃあ、あとでLINEするから

AVを見させるのも一つの手だろうが

アン アン
うーん、どうだろ

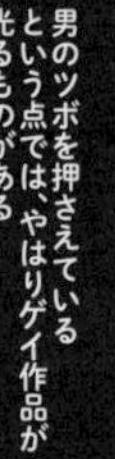
男のツボを押さえているという点では、やはりゲイ作品が光るものがある

うわぁ～
ねっとり

すげぇなぁ～。男同士だけど

とりあえず、これ見て予習しといて。https://www ～～

ポン!

月
火
水
木
なるほど

動画見てくれた?
うん、やってみるね

おおお～。うめぇ～
フェラテク女が一丁上がりです

同時攻めの新アイデア 足舐め＆手コキを試してみよう

漫画 ☞ くみハイム

ながらプレイにも色々ありますが

レロレロ

シコシコ

よくあるのはこれとか

シコシコ

これとか

コリ

コリ

でもこれは知ってますか？

これですよね

シコ シコ

レロレロ

足、舐めて

レロレロ

ほら、こっちも
グイッ

シコ
シコ
レロ レロ

想像してください。得も言われぬ快感ですよ
レロ レロ レロ レロ
シコ シコ シコ シコ

金玉にヘアトニックをぶっかけておくとスースー挿入で精子からっぽ!

漫画☞シライカズアキ

かなり長い時間スースー感が持続するヘアトニックです
LUCIDO
ルシード
ヘアトニック
HAIR TONIC
金玉にかけると
ぴぴっ
効くぅ～!
さぁやりますか!

サオがねっとり、金玉はスースー、これが堪らない
このへんはご愛敬ですが
苦っ!
おっ!
ぐぐっ

挿入時の金玉スースーがまた効くの何の
ずぶっ
おおおおお!
出るううう～!
ドッピュン
ぶるぶる
精子が絞り出されるような快感です
へた～
ぐったり

ティッシュ&ローションが説明不能なグニャザラ感触を生む

漫画☞プーリー

そろそろ挿れるわ

私たちカップルが楽しんでる小技を教えましょう
トロ
ペニスをティッシュで巻いて

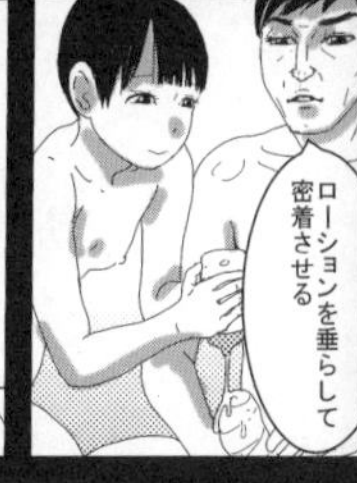
ローションを垂らして密着させる

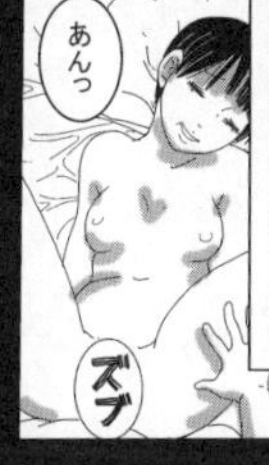
膣の中がどうなるかというと
あんっ
ズブ

ズブ
ズブ

感じたことのない刺激！
ズズ
こすれ具合が絶妙ね
ズズ

徐々にティッシュがめくれることで膣内に異物が発生し、ザラザラした特殊な摩擦感になる
ザラキモチ良い〜！

イクッ
膣内でチンコを「ちょい、ちょい」とタッチされてるような感覚か
出して〜

後処理が面倒ではあるのですが

口の届く範囲の部位はどこであれとにかく舐めるべし

漫画 ☞ 渡辺貴博

セックス中に舌をどれだけ使っているでしょうか

ペロッ

このへんまではせわしなく動かしているでしょうが

以降は休ませていませんか?
クチュ クチュ

頑張るべきです
ペロ
クチュ クチュ
ペロ

むろん攻められているときも
ジュポ ジュポ
チュパ チュパ

とにかく舐め続ける

場所はどこでもいい
パン
ぺろ
パン
プレイ中に口の届く部分はすべて舐めるべし

あああぁ〜ん、すごい好き〜

部屋の温度を下げまくって さわさわタッチで ピクンピクン

漫画 ☞ 渡辺貴博

『アダムタッチ』をやったことはありませんか？

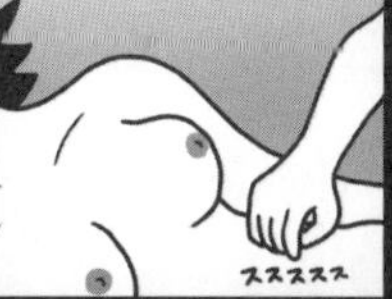
ススススス

さわさわと指の先で焦らすように触り続けることで、相手の皮膚の感覚を敏感にさせるという愛撫法です

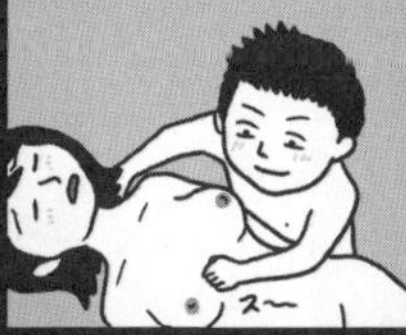
スー

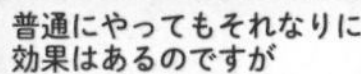
普通にやってもそれなりに効果はあるのですが

あっ…
ビクン

取っておきの方法があります

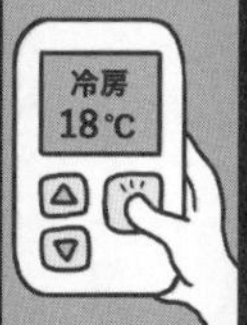
ピッ！
冷房
18℃

なんか寒くない？
よし、やろう
まぁまぁ
ササス

皮膚は、気温が低いほど敏感になるもの

ぞわわわ〜

うう…さむい
ススススス

あああぁっ…
ビクン

あぁぁ…、あんっ！
ススス

軽くなぞるだけで、身をよじるほど敏感になってくれますよ

ジラシに悩みは不要。付け根のスジをずっと舐めつづければ良し

漫画☞渡辺貴博

レロ〜
ジラシにも色々あるけれど

あれこれ考えるのは面倒です
次、どこ舐めよっかな

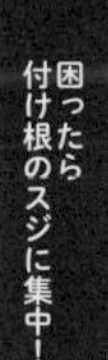
困ったら付け根のスジに集中！

レロッ
あ〜

早くきてー
ペロッ

次はこっちかしら

あーん
レロ

早く早く早く〜

何で来てくれないの〜

お願いだからお願いだから！
はあはあ

ペロ
ああああ〜！

挿入中のチンコを指で触らせて「入ってる」ことを実感させせよ

漫画☞大串ゆうじ

ラブホ
そろそろ入れるよ
うん
ズコズコ
あんあん
触ってごらん
チンコに導く
中にちゃんと入ってるだろ？
ゴンゴン
ああ～、入ってる
あんあん
ギシギシ
後ろから、入ってるところ触ってごらん
はあはあ
はあはあ
ああ～ん、入ってるよ～
ああ～ん、入ってる～
ギシギシ
ゴンゴン
入ってることが実感できるのがタマらないんですって

サランラップでぐるぐる巻きにすれば絶対にハズれません

漫画☞シライカズアキ

おや？
キョロ キョロ

何かを探しとるな

縛りたいわけか

知恵を与えてやろう！
ビシッ

そうだ！

ビー
ッ

これがいいんだよー
ビ

ビ
完璧やん

あっ、ああん
どうだ、逃げれんだろ？

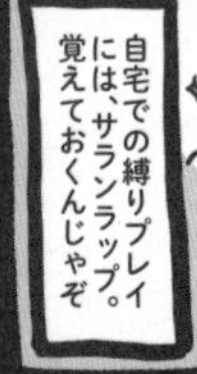
自宅での縛りプレイには、サランラップ。覚えておくんじゃぞ

クリだけじゃツマんない。女の手首を持って指をアソコに突っ込む

漫画 なかむらみつのり

触ってみて
女に自分でマンコをさわらせるこのプレイ
これ、やりたがる男多いよねー
クリ
ほら、自分で動かして
そういうのも言いたがるよねー
ピタ
ほら、何でやめるの
飽きてくるからだっつーの
そもそも私、クリ派じゃないし
じゃあ、こっちは
グイ
ヌプ
遊び心がある男はこれくらいのことはするものだが
寝転んだままでは穴には届かないわけで
グイ
でも残念、無理です。指、そんな長くないです
じゃあ、ちょっとこっち来て
んっ?
よし
まさか!?
そうなのよ、これだと入っちゃうのよ!
ヌプリ
ああんっ!
ヌプププ
あっ、ああっ、もう自分で動かしちゃいそうなんだけどー

アナルを舐めさせる秘策!逆シックスナインで「電マやめちゃうよ?」

漫画 ☞ 大串ゆうじ

アナル舐めさせるのって難しいですよね
アナル舐めてよ
え〜
でも、女の子たちが大好きなコレさえあれば…
ブイーン
あああ!
あああ〜
イクイク
ピタッ
ああ〜!
やめないで〜!
ピタ
ブイーーン
あああ〜!!
パッ
アナル舐めないとやめちゃうよ?
ペロペロ
イヤ〜、やめないで!
ブイーン
ペロ
ペロペロ
やめたら離すぞ!

クリトリスをスポイトで吸い出すと感度がアップする

漫画 ☞ 室木おすし

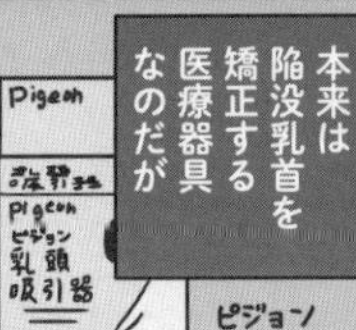
本来は陥没乳首を矯正する医療器具なのだが
Pigeon
ピジョン乳頭吸引器
ピジョン「乳頭吸引器」¥500 薬局などで販売

セックスシーンでも絶大な威力を発揮する
ホントにすごいのよ

クリトリスに使うと
え、なになに⁉

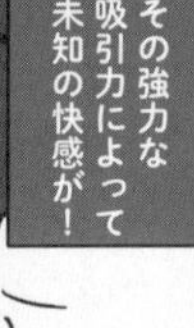
その強力な吸引力によって未知の快感が！

な、何これ？やだスゴイ！

吸い出しが終われば勝手にはずれるので
ポロリ
はぁはぁ

再び吸引スタート
ああん！

何度か繰りかえすとクリはこんな感じに。しかしスゴイのはここからだ
やだすごく勃起してる
ムッチリ

強制的に肥大させたクリは普段以上に敏感となり
ペロン
きゃー電気が走る！

イクイクイックー～！！！！！
もうダメ…

ローションの併用で吸引力はさらに高まります
ローション
ああ～効くぅ！！！

カラオケマイクで あえぎ声を 部屋中に響かせる

漫画☞なかむらみつのり

カラオケボックスの音響装置は曲を流さずに、マイク音だけ出すこともできる
アカペラをしたい人向けなのかもしれないが
トゥルルル〜ゥ
イエイ イエイ
一部でこんな使い方も
あっ
あれ、何か濡れてるよ
あっあん
ニヤ
あっあん…
いいねいいね、そのまま感じて
キュッ
エコー
あぁぁ〜ン、あぁぁ〜ン
チラ
ほら、聞かれてるぞ！
いやだー
あぁぁ〜ン、あぁぁ〜ン、いっ、いいぃ〜
一度やったらハマリますよ

ちょっと前のあえぎ声を挿入しながら聞かせてやれ

漫画 ☞ 今井のりたつ

僕が最近ハマってるプレイをご紹介します
ピッ
ボイスメモ
ボイスレコーダー系アプリを立ち上げて録音開始
まずはこの状態で普通に愛撫しましょう
はぁ
はぁ
はぁ
ちゅっ
ちゅっ
どうすると気持ちいい？
もっとクリちゃん吸って！
どこが気持ちいいか言ってごらん
ああ、マンコ！
マンコがチョー気持ちいい！
ほらマンコからいやらしい音が出てきたよ
やだ、恥ずかしい
マンコがグチョグチョいってる
ああん！イキそう！
ぬっち
あん！
あん！
ズン
録音した声を再生するのはこのタイミングです
ボイスメモ
再生
ピッ
ああん！イキそう！
やだ、恥ずかしい～
興奮するでしょ？
パン
パン
ああん、すごい！イク！イク！イク～～！
ああん！
女は耳で感じる生き物このプレイを行えばまさにそいつを実感できます
ああん！

「変態かもね」を最後に付ければM女はどんどん狂ってゆく

漫画 ☞ 麻々花

もう顔が赤くなってるよ。変態かもね
やだぁ
あれ？ すごい熱い。やっぱ変態かもね
言わないでよ…
ピト
もう濡れてるよ。やっぱ変態かもね
クチュ
クチュ
やだ…
すげー硬くなってるよ。変態なの？
ペチャ
すごくおいしそうにしゃぶるね。変態なのかもね
〜〜！
中がすごいうねうねしてるよ 変態かもね
あ、あ…!!
やっぱ変態かもよ 何、その喘ぎ声
あ〜〜〜！
コトあるごとに「変態かもね」で責めてみると面白いですよ
ねえ、こんなに感じるなんて変態かもね
やだ、あっー！

相手探しはカンタン。知らないおっさんにセックス顔を見せてやる

漫画 ☞ 丸岡 巧

……。
この女とも
マンネリだな
アレを使うか

マンネリ打破にはこの『斉藤さん』
ランダムな相手といきなり
ビデオ通話できるアプリですが
でんわちょう リスト

やっているのは
飢えた男ばかり
ハァ
オンナ……
ハァ
若い」いねーかな
へへへ…

ふふふ
プルルルル

えっ!?

ほら…お前が
ヤラれてるところ
見てもらおうな
うへへへ
あっ
恥ずかしい!!

自分で持って
何されてるか
言ってごらん
いやっ
あアン…
ハァ
ハァ
ズッ
ズン
ズプ

私、いまセックス
しちゃってます!
感じてる顔見て!!
あアン♥
おぉぉ
おぉ〜ぉ

あ〜!ッ
見られちゃってるゥ〜ッ
ビクッ
ビクン
スゲーッ

露出気分にプラスして
優越感にも浸れますよ

ラブホの歯磨き粉をクリトリスに塗ると悶えまくります

漫画☞タカヤマヒサキ

ラブホの備品で作れる媚薬がある

作り方は簡単
ニュルッ
ペペ

水で2倍に薄めたローションにチューブ1本分の歯磨き粉を投入
ジャジャ
ジャーーッ
よーくかき混ぜたら完成だ

こいつをクリトリスに塗ると…
おっとっ

5分後…
なんかジンジンしてきた〜

ヤダすごく敏感になってる
ジンジン…

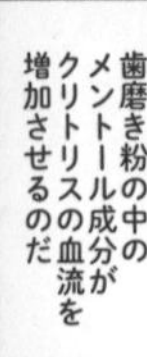
歯磨き粉の中のメントール成分がクリトリスの血流を増加させるのだ

指でこねくり回すと悶えまくる

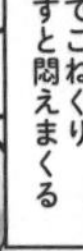

コネコネ
あん！いつもの倍感じちゃうっ
コネ
コネ
コネ

歯ブラシにつけて優しくこするのももちろんアリだ
コシコシ
コレヤバイッ

ただし歯磨き粉は必ずローションで薄めること

いたいいたいっ
直接塗ると大変なことになるのでご注意を

東南アジア発のハーブ「カバカバ」を飲めばいつもより感じやすいよ

漫画 ☞ 麻々花

東南アジアのカバカバというハーブ
リラックスと興奮作用、そして感覚が敏感になるのが特徴だ
日本でもリキッド状のものなら通販で手に入る
ねえ、今日はこれ飲んでやらない？
なにそれ！まあいいけど
2滴ほど飲みます
ポト
ポト
何も起こらないけど…
効き目が出るまでに30分ほどかかります
まあまあ
どう？
ポワーン
あー、なんかフワフワしてきたかも
ふふふ、いつもより感じやすくなってるでしょ
ウソ！何コレ!? あんっ！
ビクッ
ペチャ
ペチャ
あたしにも舐めさせてよ
チュポ
ピチャ
ピチャ
どうしたの？いつもより積極的じゃん
はうう
ハァ
だってなんか変な気分で…チンポがエロすぎるんだもん
ぬぷぷぷぷ
すごかったね、コレ
でしょ
酒と一緒に飲むと酩酊のリスクがあるので、それだけは気を付けよう

たった1錠で不感症オンナが感じまくるなんて

漫画☞大串ゆうじ

私イクとか良くわかんないんだよねー
じゃあこれ飲んでみ。副作用とかないから安全だし

ホントに大丈夫なの～？
パク
CAPPINESS

このタイ製の錠剤、ほとんどの女にエロエロな効果を与える

ラブホ
別に何も変わらないけどなぁ
そう？

…アッ。なんかいつもより敏感かも
あん…
チュパチュパ

やば、ねえ、ちょっと何か出ちゃいそう！
イッちゃえ
ガシガシ

びくびく
はっはっ
はっ

イッたことのない娘がこれのおかげでイクことだってある

別の日　違う女
感じてない
しら～
むむ…

不感症オンナに使うとこれまた効果が一目瞭然
パク
……

30分後

イグ～！
イグ～！

ね、すごいでしょ

プレイ中にチャラララララン。ファミマに入るたび女は顔射の屈辱を思い出す

漫画 ☞ シライカズアキ

FamilyMart

ちゃらら
ちゃらららら〜ん
ニヤリ

よし、と
録音中

こうして準備が整ったら

援交セックスでカマします
あっ、ちょっと待って

これ聞きながらやるのが好きなんで
ちゃらららら〜ん
何それー

ちゃららら〜
いいねぇ
集中できないしー

たまらんねぇ
ちゃらららら〜
意味わかんないー

うっおぉ〜
ちゃららら〜
ズ
ピ〜ん
何がしたいのかって?

じゃあ、また機会があったら
はーい
HOTEL

今後あの娘は……
ニヤリ

ちゃららら〜ん
ドキッ
ニヤリ

ズ
ピ
う〜ん…
ちゃららら〜ん
クックックッ

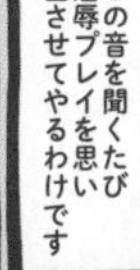
この音を聞くたび屈辱プレイを思い出させてやるわけです

フェラ顔と同時に普段写メを眺めてギャップを楽しもう

漫画 ☞ 松田 望

無音カメラアプリ
ピ
ピッ
フェラって眺めも
ポイントじゃないですか
チュパ
チュパッ

これくらいは
誰でもやると
思いますが
パサッ
この女が
こんなことを
チュパッ
さっきまで
澄ましてたのに
ペロ
たまらんなぁ
普段写メと見比べることで
3倍増しに興奮できますよ
チュパ
チュパ

1回戦が終われば ラブホ外で立ち読みしてから 新鮮な2回戦へ

漫画 なかむらみつのり

いっ、いぐぅ〜
ラブホセックスでの射精直後
気分がどんよりしますよね
賢者タイム やわぁ〜
2回戦を始める気分にはなかなかなれないわけですが
ちょっと出かけてくるわ
ガチャ
だいたいどこのラブホも部屋に一人残っていれば外出が可能ですので
外の空気を吸い
この手の雑誌を使っていったん脳からエロを完全に外すと
BAUTES
アジアのリゾート
50
パラ パラ
スッキリ
ガチャ
気分がリセットするわけです
パァー
よっしゃ！
お試しあれ！

いざというときのため いつでもヌケるデブ女を 脳内に飼っておけ

漫画☞なかむらみつのり

たいていの男は、デブ女が好きじゃないと思いますが
お昼行きませんか〜
…ちょっと仕事立て込んでるんだよね
デブとメシなんか食いたくねーんだよ
失礼しまーす
抱けそうなデブ女の知り合いが一人くらいはいませんか
もらっていい？
いつもありがとうございまーす
意識して探せばわりと見つかると思います
アジ定食
サンマ定食
いらっしゃいませー
新しいバイトの子？
先週からです。よろしくお願いします！
こういったデブ女を脳内に置いておくと
じーっ
こんにちはー
ガチャ
こんなのが相手のときでも
このケツはあのバイトちゃんのケツなんだ…
このケツはバイトちゃん…
このケツはあの娘なんだ！
うっ！
なんとか射精できます。ヌケるデブを脳内に飼っておきましょう

しょーもない女でも、髪や肌に金をかけてると思うとありがたみを感じません？

漫画 ☞ 渡辺貴博

女って髪に金と時間かけてるんだよなぁ…
キラキラ

サイドのシルエットをきれいに出したいんですよ
じゃあ、もうちょっとグラデーションを入れて切っていきましょうか

つやつやになりますか？
ヌリヌリ
うちのトリートメントはけっこういいと思いますよ

でも、この扱いだもんな
クシャクシャ

肌だって気をつかってるんだよな…

吹き出物じゃん
パタ
パタ

ペタ
ペタ
やば〜い。早く寝ないとお肌が荒れる〜

でもこの扱いだもんな…
ペロ

そう考えるとありがたみを感じませんか？

パンティーなんて本当はどうでもいいけれど褒めてテンションを上げてやれ

漫画☞松田 望

プレイに入った直後

ポーン
こんなふうにパンツをスパーンと投げ捨てちゃダメだ

丁寧にすればいいというわけでもない

なぜか?

これじゃ、かわいくないし
女は皆、今夜セックスがあるかもしれないという日は、下着を入念に選ぶ

初デートでこれは、さすがに引かれるかなぁ

よし、これにしよ!

だから正解は
すごくかわいいパンツ穿いてるね
そう?ありがとう!

ペロ
ペロ
これだけで女のテンションがグンと上がるものだ

背面騎乗位ではパンパン音の恥ずかしさを消してやるべし

漫画☞ 松田 望

女が後ろ向きで上に乗っかる体位『背面騎乗位』はオススメだ
そのまま入れてみて
結合部が丸見えだからだ
じゃあ動いて
しかし、腹と尻がぶつかって大きな音が出るため
パン
パン
女が恥ずかしがりがちだ
どうしたの？
…なんかやだぁ
こういう場合は
ほら、頑張って
グイ
パン
パン
何っ!?
パチン
パチン
尻叩きで挿入音をかき消してやると
いいから続けて
あん
パチン
パン
続けて続けて
大胆に上下してくれるのだ
パチーン
パチン
パン
パン

どれほどユルユルでも突っ込むときには大げさに顔を作る

漫画☞松田 望

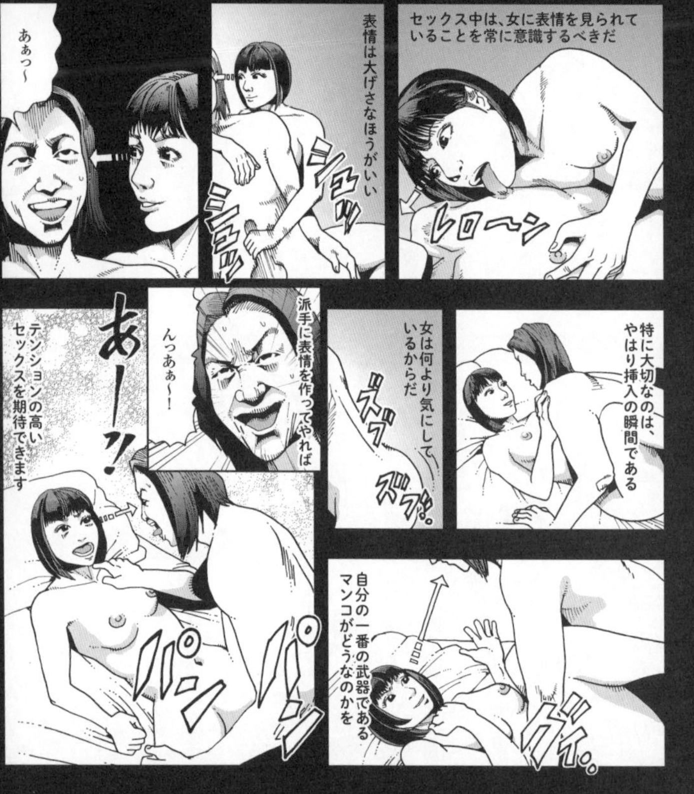

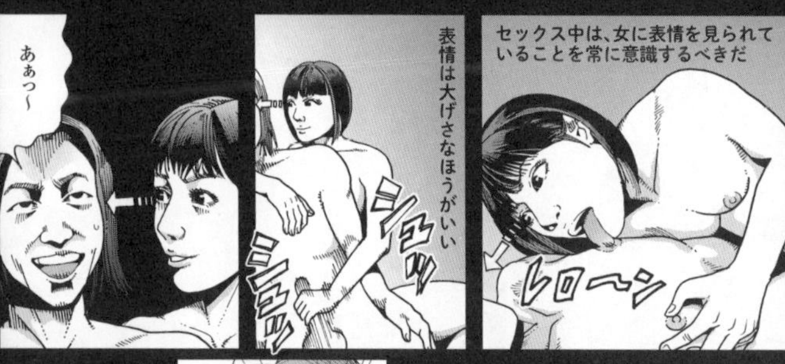
セックス中は、女に表情を見られていることを常に意識するべきだ
レローン
表情は大げさなほうがいい
シュッ
シュッ
あぁっ〜

特に大切なのは、やはり挿入の瞬間である
女は何より気にしているからだ
ズブ
ズブブ。
自分の一番の武器であるマンコがどうなのかを
グイ。
派手に表情を作ってやれば
んっあぁ〜!
あーーッ!
テンションの高いセックスを期待できます
パン
パン

女の「ギュッとして」はろっ骨が折れるほどの強さを求めている

漫画 松田 望

女がよく言うこれ
ギュッとして
ダメ出しされたことはないだろうか？
もっともっとギュッとして
男は「ギュッ」を「ハグ」だと思いがちだが
ギュッ…
ちゃんと応えてやっているだろうか？
ギュッ
女はろっ骨が折れるほどの「ギュッ」を望んでいる

正解はこうだ
ぎゅっとして
ギュッ
ん？
ギュ…
…うっ、ううっ
…くるしい。けどサイコー。わかってるわぁこの人
渾身の力で抱き付いてあげましょう

「この前はゴメンね」で女が大好きな仲直りセックス一丁上がり

漫画☞なかむらみつのり

ごめん…。
オレが悪かったよ
うん、
なんか私も、
ゴメンなさい
女は〝仲直りセックス〟が好きだ
愛してるよ
ギュッ
私もだよ。
好き。
すごい好き
なので相手を怒らせてしまったときのことを覚えておこう
ごめん、
今日ムリに
なったんだわ
えー!
これ買って
来たんだ
腹いっぱいだし
いらないわ
11月
1
11月
2
11月
3
そう言えば、
この前はゴメン
えっ?
先々週の。
メシの約束
すっぽかして
あ、
あれかぁ、
ほんとだよ
既読スルー
しちゃったり
して
ははは、
もういいよー
んちゅう
でも、
なんかうれしい。
ありがとう
好きだよ
うん、
私も大好き
これも仲直りセックスです

はっ、はぁ、はぁ。女の耳元でワザとらしくあえいでやる

漫画☞くみハイム

あっ…はっ
…ああ!

この人、あたしで
こんな気持ちよく
なってるんだ…

はっ…
はっ…

うれしい…
ドキン
ドキン

あっ、
気持ちいいよ、
ああ!

耳元でわざと
あえいでやると
女は大喜びです
もっとあたしで
気持ちよくなって!

どんなときも名前を連呼してやれば女はときめくものである

漫画☞丸岡 巧

ベッドでこういう風にしゃべってないですか?
あッ気持ちいいよ

ブブーッ
これじゃダメです
女を落とすには……

ちゅっ
ちゅ…
ミカ……

ミカの裸すごくキレイだよ…

あっミカ
ぺちゃ
ミカの口あったかくて気持ちいい!
ちゅぱ

入れるよミカ……

俺、ミカの中で気持ちよくなってる!!
もうお分かりですよね
あッ
ああッ
パン
パン
パン

女って、名前を連呼されただけでときめく生き物なんです
あぁミカ気持ちいい!
ハァ
ハァ
好きだよミカ!ミカッ!!

ほら、だからこのとおり
ミカの中で出すよ!!
うんミカの中でイって——!!
ドピュ
アァ——

フェラだけじゃない。どんなときもずっと目を合わせっぱなしに

漫画☞くみハイム

・・・・
レロ レロ
ちゃんとオレと目合わせて
これはよくありがちですが
私、この人のを舐めてるんだ!
レロ レロ
フェラ以外も常に目は合わせましょう
今日はずっと、俺のこと見てろよ
はい・・・

んっ・・・
チュ
挿れるぞ、どうするかわかってるよな
コクコク
あっ、あんっ!
ズプ
目を閉じるな! 俺のことだけ見てろ
ヌプヌプ
お前の中、すげー締まってきてるぞ、イくんだな?

ちゃんと俺のこと見てろよ。俺もお前がイクときの顔、見ててやるからな
はい、私がイクときの顔見ててください!
びくん びくん
ん〜〜〜っ!!!
ズパン
ズパン
ズパン

じーーん♡
ジュポッ
遊びでヤッたような相手でも一発で落ちますよ

飽きたはずの女も客にモテているとイイ女に見えてしまう

漫画☞タカヤマヒサキ

どんなカップルにも
必ずマンネリはやってくる
そんな時は
こいつの出番だ
夜のバイト情報誌
キャバクラ体験入店特集
いらっしゃいませ
キョロキョロッ
お、いたいた
水割りでいいですか？
こう見るとアイツも結構いい女だな
ウフフ…
オネーチャン可愛いねぇ
ケツもイイ感じ
いやんっオサワリはナシですよ～
サワサワッ
胸もデカいし感度もよさそう
タプタプッ
ヤダも～
ちょ、何あいつ喜んでんじゃん！
この！
この！
パーンパーン
あん！激しいっすごく感じるぅ！
パンパンッ
飽きたはずなのにまたいい女に見えてくるから不思議なものだ

倦怠期オンナもゼクシィ1冊で、ソノ気になるなら安いもんだ

漫画 丸岡 巧

長く付き合ってるとこうなりがちですよね
も～まだイかないの？
……
ヘコヘコ

そんな倦怠期オンナを本気にさせる方法はコレ
どん!
ゼクシィ
ステキな結婚式がしたい!!

なにこれ!
なんかいいなーと思ってさ

へぇ～…
パラ パラ

はぁー…

これが効くんです
…この人ここまで真剣に考えてくれてるんだ……
ニヤニヤ

…ねえしよっか
珍しいじゃん自分から誘うの

おうっ…
パクッ
ペチョ
ピチャ

今日なんか積極的だね
いいじゃないあんっ!

ちょろいもんです
あッ
ねえ…好きよッ!!
あ～ッ
ズンッ
ズンッ

「AVの見すぎかもしんないけど」と頭に付ければどんな要望も口にできる

漫画☞シライカズアキ

アナルも
舐めてほしい
けど、言いだし
にくいな
ケツにも
入れたいけど
言いだし
にくいな
パン
パン
顔にぶっかけたいけど
言いだしにくいな
パンパン
こんな弱気な男性は
この方法をどうぞ
AVの見すぎ
かもしれない
けど、アナルも
舐めて
くんない？
え、うん…
AVの見すぎかも
しんないけど、
アナルセックスしていい？
えー
ごめん、
AVで
やってたから
もー、少し
だけだよ

AVの
見すぎかもしんないけど、
顔にかけて
精子塗りたくっていい？
えー、
なにそれ〜
AVに
あったんだよ
うっイク！

ず
びっ

AVのせいであって、
自分発のアイデアでは
ないという理屈なら、
言い出しやすいでしょ
？
AVに
あったんだよ、
AVに
ぬりぬり

出したはずなのに、また!賢者タイムがなくなれば即2回戦もカンタンだ

漫画 ☞ 今井のりたつ

カドルリンという勃起薬がある
Cadorlin 0.5

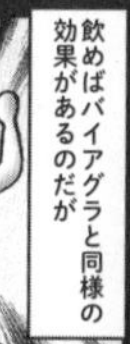

飲めばバイアグラと同様の効果があるのだが
うおー力がみなぎるぜ!

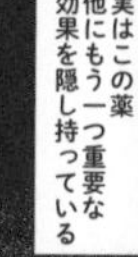
実はこの薬他にもう一つ重要な効果を隠し持っている

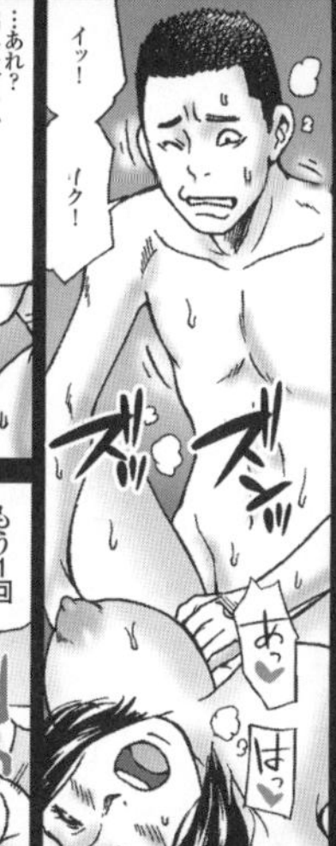

イッ!
ク!
あっ
はっ

…あれ?出したばっかなのにもうムラムラしてきたぞ?
んっ
もう1回しよ!
きゃ

通常、射精直後は脳が出す信号によって性欲が消失してしまうのだが
ヘナ～ッ
いわゆる賢者タイムという状態ですね

この薬にはその信号を阻害する働きがあるのだ
ビ
ビ

あんあんあ～ん!
勃起力増加に賢者タイムをカットまさに夢のクスリと言っていい
パン
パン

○×銀行
○×銀行
銀行

漫画 じゅりんぷ小林

リポート・安田史郎、45才

町の巨乳やミニスカをがっつり見る方法

読者の皆さんは…
えっ？
カッコリ…
カッコッ…
おっ…
キタ～!!
ユサ
ユサ
スゲエ
巨乳ちゃん!!
カッ
コッ…
ユサ
ユサ
うっひょ～
まっ白で
プヨプヨ!!
ブルン
ブルン
かすかに
血管が
浮き出てるぞ～
!!
ヤダ～
スケベ親父が
ジロジロ
見てるわ
キモ～!!

――と思われそうで
恥ずかしい…
ガン見が
できん～
――と、こんな経験ありませんか?
くそっ
ヌッ
……
ハイハイ
そんなシャイな
皆さんのために
ワタクシが
編み出した
秘伝の
「ガッツリ凝視
テクニック」を
伝授いたしましょう
え?
①
路上
すれ違い巨乳編
カツコツ…
ユサユサ…
まずこういう時には…
お!!
イーネ!
イーネ!
ガサゴソ
カサ…
コレコレ…
――と、普段から
ティッシュを
いくつか持っておき…
スッ
!
ティッシュ配りの
フリをします
ま、ウザイのが
立っているわね
こーゆーのは
無視…
――と、相手は視線を
はずしますので…

どれだけガン見しても気づかれません
うほ〜っ
汗がタラタラ!
谷間から湯気が出てるぞ!!

オレがそのTシャツとブラをまくり上げて…
グイッ
ぶるん

谷間をティッシュで…
パリ

拭いてあげるぜ〜!!
フキフキ…

……なんちて
チョンチョン…
カツコツ…

え?
ティッシュちょうだい

あ、ハイ…
ごそっ
あんがと

②駅の階段編
出た!!
パンチラチャーンス!!
でもずっと斜め上を向いたまま階段を上がるのは周りの目が気になります
そこで――
トントン
グルン
グルン
――と、ストレッチをしながら見れば…
グリッ
グリッ
周りの人は――
あの人肩こりツラそう～
トントン
しかしコチラはウハウハです
うほ～クイ込み半ケツ!!
グルン
グルン
グリッ
グリッ
グルン
その半ケツ…
プス
プニプニさせろ～!!

③
電車編
目の前の巨乳
プァン
うはっ
巨乳さん
こんにちは
ゴゴー…
しかし、この時も両脇の
視線が気になります
ジーーーッ
なんか
監視されて
いるみたいだ〜
そこでー
ゴシ
ゴシ
クイクイ
ーーと「疲れ目」を演じれば…
…あの人
パソコンの
やり過ぎ
かしら？
フフフッ…
お嬢さん…
その巨乳の
乳首も…
クイクイ
クイクイ
クイ
クイ
クイクイ
こうして彼氏に
クイクイされて
いるんじゃないのー？

④電車編 斜め前の巨乳
ゴー…
……
この場合は
この車両の端っこの
ガラス窓に…
巨乳が反射して
映るのよ
女の方は…
あの人
隣の車両が
何か気になる
のかしら…?
うひょ～
その
ミサイル
オッパイ…
オレのカチカチの
チ●コで…
コロ
ピタピタ
ズプズプ
シュッ
シュッ
──と、こんなコト
してやろうか～
もっこり
!?

⑤電車編
目の前に立った女
ゴ〜ン…
ガッツリ
見上げたいけど
彼女の視線が〜
出たっ
巨乳&ワキの下!!
しかし…
こんな時は
後ろの窓に…
ゴン!
そして
目を閉じて
眠ってるフリ…
すると彼女は…
この人、疲れて
いるのね…
そのまま脱いでこんなコト
してくれい〜!!
ばふっ
ところが…
ひひひ…
薄目で
見てますぜ〜
ゴ〜ン!

⑥電車編
目の前に座ってる女
ゴーーー…
どひゃ～ノーブラ
巨乳&生足じゃ～ん!!
チラ…
ずっと見ていたいけど
それはマズいな
ならば…
スッ
メールするフリをして
画面に映す…
パッ
画面には
「覗き防止フィルム」が
貼ってあるので
横からは見えません
?
うへへへ…
うほ～ノーブラのポッチが
クッキリと見えますよ
そしてこの生足の
ヒザが赤いのは…
も、もしかして…

キミ、後背位で
セックスしてきた
直後じゃね!?
パン
パン
ゴシ
ゴシ
ああ
さらに
ブラを着けて
いないのは…

このあと、またすぐに全裸になって別の男とセックス…

そう キミは移動中の売れっ子ホテトル嬢!!

だったらついでに今スグオレのチャックを下ろして咥えてくれ～!!

ぱっくん

カポカポ

んぐんぐ

ジュポジュポ

レロレロ

――などと股間も妄想も膨らみます

⑦ミニスカ自転車

トコトコ…

ン?

……

……

スッ

イチニー

イチニー

グッ

グッ

私がなぜ急にこんなコトをしているかと言いますと…

うほー

そう、重心を低くしてコレを見るためです
イチ、ニー
イチ、ニー…
グッグッ
キコキコ…
スー…
うひょー
レースの白パン
モロ見えー!!
おや
この人…
長距離でも
歩いたのかな?
お嬢さん
そのプックリマ●コ
サドルに擦れて
感じてるんでしょ?
プニプニ
ムニムニ
グリグリ
スー…
…いかが
でしたか?
スィー…
オレって賢いでしょ?
皆さんも是非お試しあれ～!!
オッサンじゃま!!
チリーンチリーン
ドン!!
いてっ!!

昔はアロエかコラーゲン今ならハチミツ。すべて顔射用キーワードです

漫画☞子原こう

「美肌効果」という言葉に女はめっぽう弱い

だから10年前ならこう言って

精子ってアロエと同じ成分が入ってるんだって

ちょっと前なら、こう

精子ってコラーゲンって同じ成分が入ってるんだって

そろそろイクよ！顔にかけるよ?

うん、いいよ。アンアン

イク！

簡単に顔射できるからだ

で、今なら

はあはあ

あああん！あんあん！

精子ってハチミツと同じ成分が入ってるんだって
流行ってるだろ。肌に塗るといいんだよ
あん、知ってる
あ、イクイク！顔にかけるよ！いいよね！
いいよ～
女ってアホですね

シリコンマットにローションを塗ってこすりつけよ

漫画☞サレンダー橋本

ローションプレイしようか
うん

気持ちいいね
うん
ヌル
ヌル

あ、ヤバい
頭がボーッとしてきた〜〜

とまあ、これだけでも十分気持ちはいいのだが
もっと気持ちいいことしてあげようか?
えーナニするの?

これを使うんだよ
本来は鍋敷きに使うシリコンマットなのだが

こいつを手のひらサイズにカットして…
ふんふん

さらにローションを…
ほうほう

どお?
はうっ!
シリコンの優しい摩擦と突起物の刺激が得も言われぬ快感を生むのだ

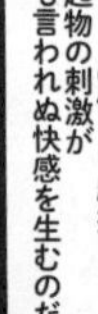
いわば女用のオナホールならぬオナマットとでもいおうか

ああ、オカシクなりそう〜
これで絶頂しなければ重度の不感症だ

クリトリスを上下に舐めてる人、それ、実は間違ってます

クンニで使う舌の動きには、大きく3パターンがある。

●上下の縦ナメ
●左右の横ナメ
●円運動による回転ナメ

人によっては縦ナメしかやらない、あるいは3つのパターンを複合的に用いるなどいろんなやり方があるのだろうが、正解はひとつしかない。

クンニは横ナメ1本でいくべし。

なぜか。ひとつには、クリトリスの性質との相性が挙げられる。

クリというのは、左右からの力には柔軟にクネクネと曲がる反面、上下の力にたいしては抵抗する造りになっており、縦ナメや回転ナメでは、下から上へツンッ、ツンッと弾く格好になる。これは女にとって気持ちのいいものでなく、むしろ不快に、あるいは痛いと感じる場合さえあるのだ。

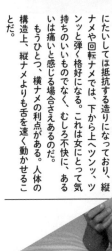

もうひとつ、横ナメの利点がある。人体の構造上、縦ナメよりも舌を速く動かせることだ。

最初はソフトにナメて欲しいなどと言っても、次第に性感が高まっていけば、女というのはより強い刺激を求めてくる。その期待に応えられるのは鈍くさい縦ナメや回転ナメではない。スピーディーな横ナメだけだ。

四つん這い放尿ほど恥ずかしいプレイはない

漫画☞サレンダー橋本

マンコ見せて
はいよ
パカ
オシッコしてるとこ見たいな
ほらよ
女ってやつはすぐに羞恥心を失ってしまう
むかしはこんな程度でも顔を真っ赤にしてたのに
かわいいパンティ穿いてるじゃん
やだ、やめて恥ずかしいよぉ

どんな女でも必ず羞恥してしまう極め付けのポーズを教えましょう
ねえ、そこで四つん這いになってみて
はいよ
もっと上半身をピタッと床につけてお尻を高くあげて
こう？
そのままオシッコしてみ？
え…？

ほらはやく！
でも…うん…
うわー、下品だなぁ
まるで低能動物だね
うう…やだぁ
いつもより感じてるんじゃない？
ああっ、やだぁ！
どんなスレた女も一発でみだらな気分にさせます

せっかく足指を舐めるなら、土踏まずもペロペロしてやれ

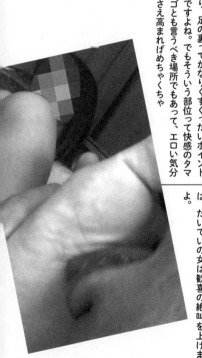

飛び道具的な愛撫といえば、まず足指舐めを思いつく人は結構いるんじゃないでしょうか。

これ、女のエロムードを高める効果があるだけじゃなくて、実際に快感も与えられるから本当にいいワザなんですけど、せっかく指まで舐めるのなら、もう一歩踏みこんで、ぜひ試してみてほしいことがありまして。

土ふまずを舐めるんです。ご存じのとおり、足の裏ってかなりくすぐったいポイントですよね。でもそういう部位って快感のタマゴとも言うべき場所でもあって、エロい気分さえ高まればめちゃくちゃ感じるようになるんですよ。

その意味で土ふまずは打ってつけの場所なんです。女からしてみれば、「この人は私のこんな汚いところまで舐めてくれる」と思うわけで、それによってガンガンスケベな気持ちになっていくわけですから。

そうなってしまえば、もうこっちのもの。舌全体を使って、ゆっくりねちっこく、土ふまずを磨き上げるような感じで舐めてやれば、たいていの女は歓喜の絶叫を上げますよ。

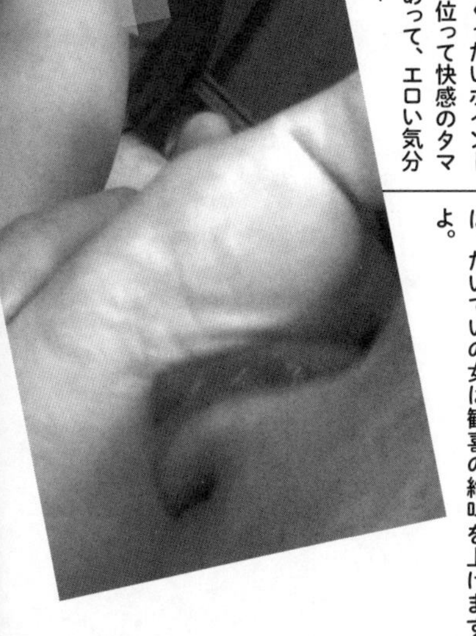

これぞ未知の感覚!ぐるぐる回転するバイブ

漫画☞タカヤマヒサキ

たとえばこんな愛撫や
あんあんっ
グチョグチョ
こんなオモチャや
ああ〜ん
ズポズポ
あるいはこんな行為は
ダメイク〜
すべて膣壁を上下にこする行為だ
ズコズコ
しかしこいつは違う!
ジャ〜ン!
ぐるぐる
なにそれ?
ちょっとこれ入れてみるよ
スイッチオン!
ウイ〜ン
ああっこれ凄い!
実はこれ膣の中でこう動く
ドリルドリル
ギュイーン
この刺激は未知の体験のようで
あああ
あっ
やだこんなのはじめて!
またたく間に昇天します
イクイクッ
ギュイ〜ン

どこを攻めるにせよ一ヶ所15分をメドにすべし

男の愛撫ってやつは得てして、以下のようなものじゃないだろうか。

右の乳首を30秒ほど舐めたら次は左の乳首へ、でまた30秒したら今度はクンニを2、3分、それから今度はおもむろに手マンを、といった具合だ。チョー敏感な女ならいざ知らず、これでは普通の女を感じさせるのはかなり難しい。

そもそも女の体というのは、男と違い、刺激がソク快感につながるようにはできていない。同じ場所をしつこくしつこく、何度も繰り返し攻めてやることで、少しずつ感度が高まってくるわけだ。

したがって、体の部位のあちこちをせわしくなく動き回るような愛撫など、女にしてみればフラストレーションがたまるだけ。「せっかく気持ちよくなってきたのになんでもう止めちゃうのよ」ってなもんだ。

では、ひとつひとつの愛撫にたっぷり時間をかけるとして、どのくらいの長さが必要なのか。5分？　いやいや、ぜんぜん短い。10分でも場合によっては不十分だろう。

推奨タイムはずばり15分だ。キスにしろ、乳首舐めにしろ、クンニしろ、試しに15分以上やってみるといい。信じられないほど女は乱れまくるハズだ。

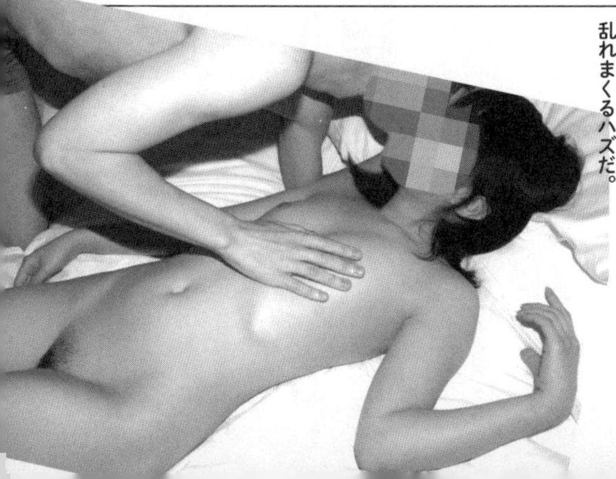

いつどんなときでも背後から攻めれば女は悦ぶ

漫画☞タカヤマヒサキ

気持ちいい？
うん
クチュ
クチュッ
しら〜〜っ
……
……
クチュ クチュッ
簡単に愛撫の効果を倍増させるワザがある
ちょっといい？
ガバッ
……え？
自然界における交尾はほぼ100％このスタイルだ
クゥ〜ン
ウキキッ
ウキ
つまりメスは本能的にこのスタイルが興奮するわけで…
なんだかチョー感じる〜
モミモミッ
レロレロ。
んんっんふっ
ゴロンッ
さ、寝転んで
ほら気持ちいいだろ？
グチュグチュッ
うう〜んん〜っ
テクに自信がなければとにかく背後から攻めるべし
ジョパパパーッ
ああダメ！イクイク！

A級性感帯「会陰(えいん)」は舌や指では攻略できない

セックステクに興味のある人なら、「会陰」という言葉を耳にしたことはあるでしょう。

そう、会陰とは膣口と肛門の間、あるいはその周辺をふくむ部位のことで、男の体でいえば「蟻(あり)の門渡(とわた)り」に相当する場所です。

じつはこの会陰にはチンコやクリトリスと同様に、快感神経のようなものがごっそり集中していて、刺激するとむちゃくちゃ女がよがるため、隠れたA級性感帯とも呼ばれているんです。

なので女を失神させまくりたいならココを攻めない手はないのですが、どうもみなさん、肝心なことを忘れてるみたいでして。

というのも会陰に集中している快感神経は、チンコやクリトリスのように皮膚の真下に配置されてないんです。それよりもっと下、脂肪や筋肉の奥にあるんですね。だから、会陰を舌で舐めたり、指圧したところで本来のすばらしい快感を得ることはできないと。

ではどうするかというと、電マを使うんです。あの強力なバイブレーションだけが唯一、会陰の奥にある快感神経に届く。たんに会陰の場所だけ知ってても、この知識がなければ意味ないですよ。

電マをあてる向きには決まりがあるって知ってましたか?

漫画 ☞ なかむらみつのり

電マは、今やもっともポピュラーなアダルトグッズだろう
アダルト
電マ
やっぱコレかな
ヴィィィィィ
振動ハンパねーし
しかし、ちゃんとした使い方は意外と知られていない
こういうの使っちゃおっかな
こんなふうにクリトリスへあてがちだが
ヴィィィィィ
ヴィィィィ
こんなふうにあてるのは
ビィィィィィ
いまいちでしょ?
この向きだと恥骨に振動が響き女の気を散らすのだ
ニヤリ
じゃあ、本番いくか
だから、当て方はこう
ヴィィィィ
どう?
ヴィィィィ
ああああ
ジュン
ああ~ダメぇ~
ご覧のとおりです

勃起チンコはどんなときでも、体にコツコツあてておくべし

女が何より欲しているのは、勃起チンコである。自分の体を貫いてくれる、快感の肉棒。まれに「おいしい〜」なんつってしゃぶりつく淫乱がいるが、あれは本心なのだ。

だから我々は、挿入のときだけでなく前戯でも、そんな女の気持ちに応えてやるべきだ。どうすればいいのか？

健康な成人男性なら、服を脱ぎ裸の女を抱きしめた段階で、すでにビンビンだと思う。すかさず相手の体にチンコを触れさせ、後はもう何をするときも常にコツコツあて続けるべし。

足でも腕でも腰でも、部位はどこでもいい。角度的に体に触れさせるのが難しい場合は、握らせておくだけでもいい。

効果はめちゃくちゃある。女の高ぶり方が段違い。乳首の立ち具合、股間の濡れっぷり、あえぎ声の大きさも、普段の5割増しだろう。

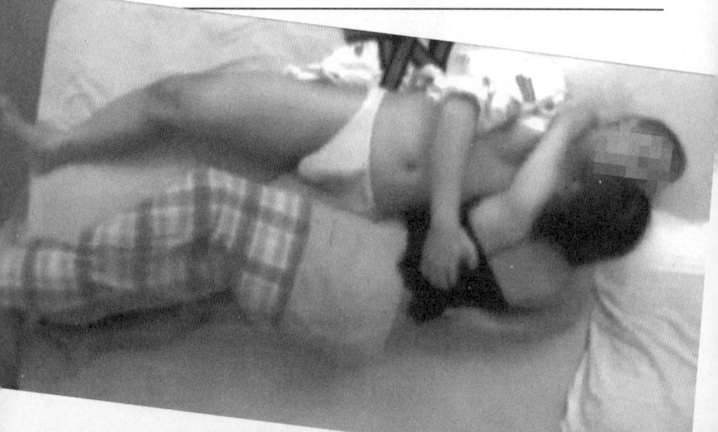

ヤラシイ言葉責めは女に考えさせてはいけない

漫画☞なかむらみつのり

どこが気持ちいい？
あん
このセリフだと
……
考えなくてはいけません
…あそこ
すごく濡れてるよ？
このセリフだと
コクッ
相槌で返せます
もぉ…
どちらが相手にとってラクかわかりますよね？
ノンノン
考えさせて女の集中を途切れさせるのはナンセンスですよ
だから、言葉責めはただ実況するのが正解
乳首が立ってきてるね？
うん
すごく熱くなってるよ？
ああ
指3本入っちゃったよ？
あああっ
スムーズに盛り上がってくれます

文豪・谷崎も認めたワキ舐めの絶大な効果

皆さんは前戯のとき、女のどういう部位を舐めていますか？　耳、首すじ、足の指の間——。このあたりって、けっこう悦ばれますよね？

じゃあ、これらの部位に共通することは？　そう、普通に触るとくすぐったがられるということです。こそばゆいと性感帯は関係性があるんです。

そこで試してもらいたいのが、ワキ舐めです。舌先でチロチロとやるとくすぐったがられますが、ベロ全体を使ってゆっくり舐めてみてください。

これがかなり効きます。女にしてみたら体臭を意識する部位ということもあって羞恥心も刺激されるからでしょう、確実に悶えてくれますから。

ちなみに、どうしても恥ずかしがり、ワキを隠してしまう場合はこんなうんちくを。

「谷崎潤一郎って小説家を知ってるでしょ？　明治の末期から昭和にかけて活躍した文豪。谷崎の小説の『刺青』ってのに、女性のワキを舐めて悦ばせるシーンがあるんだよ」

女ってのは単純ですから、それなら本当にイイのかもと妥協してくれるものです。

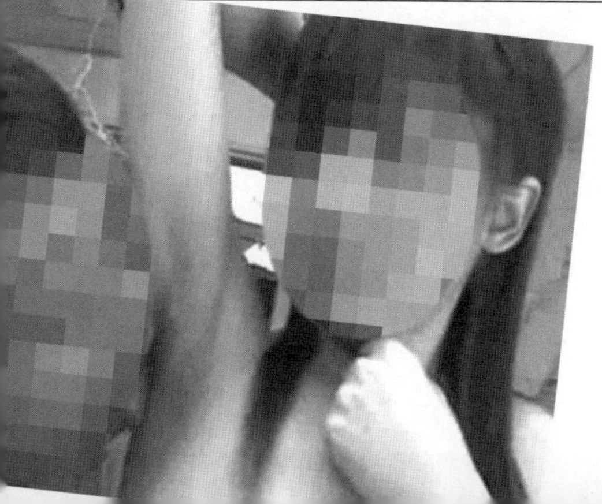

タクシーの後部座席から愛撫は始まっている

漫画☞なかむらみつのり

じゃあ行こうか
うん
スナック純
この移動時間を有効に使うべし
サッ
ラブホ街へ
わかりました
これです
サッ
ん？
派手にやる必要はありません
ふふっ
サワッ
……
軽くドキドキさせる程度でオッケー
今日は忙しいですか？
そうでもないですよ
こいつがいい前戯になるんです
サワ〜
サワワ〜
金曜なのに？
そうですねぇ
バタム
LOVE HOTE
ありがとうございまーす
どうしたの？
だってぇ〜
サワサワ
もうグショグショです
うひひっ
ジュワ〜
ジュン

クリトリスは見えてる部分だけじゃなく“根っこ”も愛撫してやる

クリストリスは女の急所なので、愛撫の仕方についてよく論じられる。どう剥けばいいかとか、どう舐めればいいかとか。そしてそれらはすべて、小陰唇の付け根の突起にまつわることしか語っていないものだ。

えっ？ そこがクリだからだろって？ いやいや、そこだけじゃない。

実はクリトリスには〝根っこ〟があるのだ。突起の部分から体の中へ、ちょうどGスポットあたりまで伸びている。

ならばその〝根っこ〟も刺激したほうがいいと思わないか？

そこでトライすべきクリトリス愛撫はこうだ。女の股間に口をあてがい、舌で突起をペロペロ。同時に膣に中指と薬指を入れ、Gスポット付近を小陰唇のほうへ向かってぐいっと押す。つまり、クリの2点攻めだ。

女にしてみたら、急所をガッツリ刺激させるわけで、イカないわけがない。

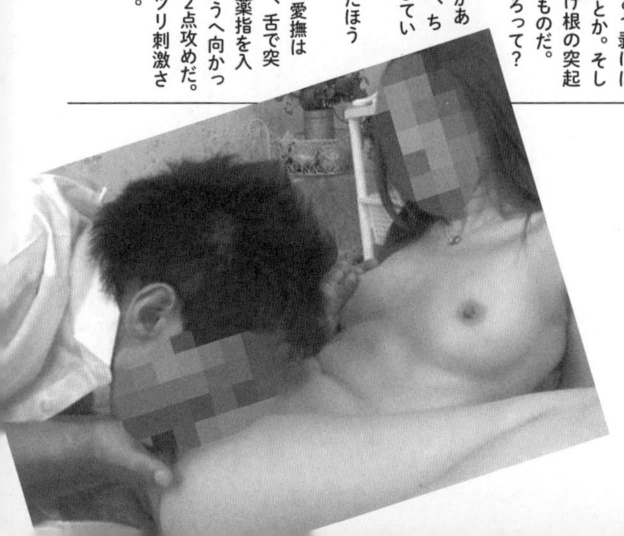

シャワーの後にもまた一から脱がせる過程を

漫画☞なかむらみつのり

もぉ辛抱たまらんわぁ
ちょっと待って、シャワー浴びてくるから
なる早でね～
男という生き物はせっかちなので
こんなふうにやりがちだが…
ガバッ
キャ
女の気分はいったんリセットしていると思うべし
ふーっ
だから、すぐには脱がさない
ギュッ
スルッ
最初からやり直すつもりで進めていく
ああっ
ああんっ
サワ
サワ
あ～ん、大好き～
トロけさせるためにはとても重要です

5分で完成！アホでもできる亀甲しばり

漫画 ☞ 和田海苔子

緊縛プレイは
素人には敷居が高いが

簡単に亀甲しばりを
楽しむ方法がある
←ロープ

まずはロープを
首に掛けて
ロープの真ん中あたり

15センチ間隔で
結び目を4つ作る

こうして
股に通す

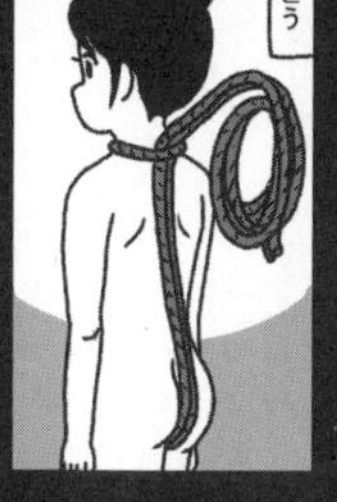
こう

前の輪っかに通し

背後でクロスさせて

次の輪っかに

これを繰り返せば

たった5分で
亀甲しばりの完成だ
完
亀甲しばり
（菱縄しばり）

クリと同じ感覚でアナルと対峙せよ

アナルを舐めてやれば女が喜ぶことぐらい知ってるけど、いざ目の前にすると尻込みしてしまう男性は多いのではないか。

いくら大好きな女の子でも、そこ、ウンコが出る穴だし。大腸菌とか怖いし。みたいな感覚か。

その考えはすぐに改めるべきだ。女のアナルは想像以上に有効な性感帯。もっと真剣に対峙すべきだ。

意識を変えれば、実際の動きも変わるもの。ポイントはアナルをクリトリスだと思って扱うこと。自分がいつもクリトリスにしてあげていることを、そのままアナルにも再現してあげればいいのだ。

パンツを下ろした直後にクリに向かわないように、アナルもじっくり焦らしながら責めていく。

尻回りをサワサワ触りつつ、尻肉をペロペロ。少しずつ核心に近づいていき、チョンチョンと触れたと思ったら、また尻肉をサワサワ。とにかく焦らしに焦らしてから、ようやくアナル本丸へ進んでいく。

いざ舐め出しても、当然いきなり強い刺激ではダメだ。柔らかくネットリしてみたり、舌を尖らせて上下左右に滑らせてみたり。ときにはベチョベチョと音を出して吸い上げてもいいだろう。

手の指を一本ずつ丁寧に味わってみよう

漫画 ☞ 和田海苔子

相手の目を見ながら
ジ

特に効果的なのが「手の指」だ

意外な場所を舐めると女ウケがいいものだけど
あ、そんなとこ、汚いよ！ああ、あああん

すべての指を丹念に
ツツー

ねろねろ

AV女優のフェラのように大きな音を立てて
ジュッポ
ジュッポ
ジュッポ
ジュッポ
ジュッポ
ジュッポ

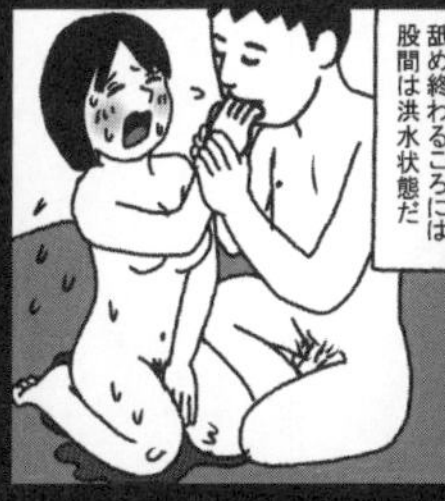
舐め終わるころには股間は洪水状態だ

ああ〜なんかヤバイ

あ…、なんかすごいかも…

「まだイッちゃ駄目」必殺、クンニ寸止め!

女を上手に攻めたいならとにかくジラせ。中でもヤツらの大好物、クンニで焦らしをかませば、最大級の効果が生まれる。

事前に「イキそうになったら教えろよ」と伝えておいてクンニ開始。細やかなクンニテクについては触れないが、とにかく女をイク寸前までもっていこう。

「あ、やばいイキそう…」

女から絶頂シグナルが発せられたら、舌をピタリと止める。

「え、なんで?」

「まだイッちゃダメだって」

なんてやり取りを交わしつつ、再びクンニ開始だ。2度目の絶頂は時間がかかるので、気合でクンニを続けよう。

「あ、もうホントにイキそう」

そこで再度、舌の動きをストップだ。

「え〜とめちゃヤダ〜」

2度目の寸止め直後は、大抵の女が腰をガクガクさせておねだりしてくる。その後は何をしてもトロトロなので、もはやクンニでイカせる必要もない。フェラさせるもよし、挿入するもよし。

とにかく2度のクンニ寸止めを挟んでおけば、セックスが上手い男に認定されるのは間違いなしだ。

究極羞恥プレイ！ガラス越しの至近距離オナニーショー

漫画 和田海苔子

ラブホによくある
このガラステーブル

イチャ
イチャ

パンツ脱いで、そのテーブルの上にのって、しゃがんでみてよ
え、うん

ぬぎ
ぬぎ

ほら、バイブでオナニーしてごらん

ズズズ…

あ…

ほら、エッチな汁が出てきたぞ
ポタ

やだ〜
ポタ
タポ

ああ、恥ずかしいよ〜イッちゃう、イッちゃう
めちゃくちゃ興奮してくれます

キスのときは舌の力をとにかく抜け

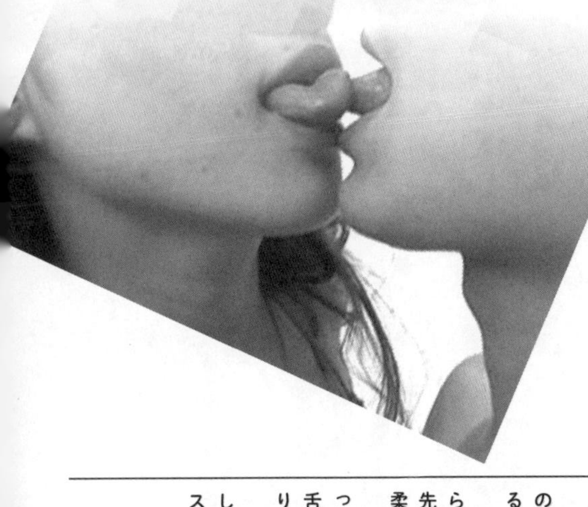

キスが上手いだけで、女の扱いが上手い男、セックスが上手な男、という評価に繋がりやすい。女にとって、キスはそれほど大事な行為なんだろう。

多くの男性がやりがちなのが、がっついて唇や舌に力を入れるキスだ。特にディープキスのとき、女の口の中に固くした舌を入れるのが一番いただけない。

まず女とキスをする瞬間は、なるべく唇の力を抜いて、柔らかい状態にして合わせる。

軽いキスからディープキスに移行したら、とにかく舌の力を抜くことだ。特に舌の先端部分の力を完全に抜いてダランとさせ、柔らかくした状態にして奥へ入れる。

柔らかい自分の舌を、相手が舐めたり吸ったりしてきたら、そこで初めて自分の唇や舌に力を入れ、相手の舌を吸ったり舐めたりという動作に移る。

とにかく最初は、柔らかい唇と舌を準備しておくこと。たったこれだけで、簡単にキス上手の称号が得られるはずだ。

パウダー&ハケでトロけない女はいない

漫画 ☞ 和田海苔子

ドラッグストアなんかに売っているベビーパウダー
女のカラダにたっぷりまぶしたら
パタパタ
コイツの登場だ
まずは身体の凹みの部分から
胸の下
鼠径部
たっぷり時間をかけて
鎖骨周辺
脇腹
徐々に性感帯に
んん…
パウダー効果で刺激がさらにマイルドになるので
ああん、ああ…
どんな愛撫下手でも
ああ〜、ああ〜
もう入れて!

見知らぬ他人に恥ずかしい部分を見てもらう

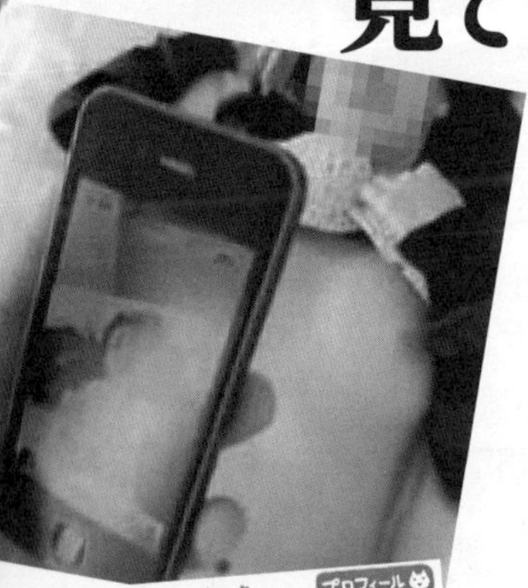

セフレとのマンネリしたセックスを、どうにかして盛り上げたい。そんなときは「斉藤さん」を使ったプレイがオススメだ。

斉藤さんとは、見知らぬ者同士でランダムにビデオチャットを楽しむためのスマホ用アプリのこと。アプリを立ち上げ、「斉藤さんと話す」ボタンを押すだけで、即座に日本中の誰かとランダムにつながり、ビデオチャットが楽しめる。

セフレとのセックス中にこのアプリを使い、女の恥ずかしい部分を撮影して配信すれば羞恥プレイの完成だ。顔さえ映らなければたいていの女はオッケーするもの。ぶつくさ言いながらも付き合ってくれる。

斉藤さんの利用者の中には、女の子にチンポを見せる変態など、エロ目的の男だらけなので、女の裸体となりゃ当然食らいつく。「ほら、オマエのグチョグチョのここ、知らない誰かに見られてるぞ」

などと煽りながらヤれば、女は大興奮してくれるし、電話の向こうから「指で触ってください」などとオーダーが入ったりすれば、しっかり見られてる感覚も味わえる。

トーク
プロフィール
斉藤交換所 OPEN!!!
斉藤さん 試運転
斉藤さんは こちら
斉藤さんと話す
斉藤カラフル
ハンカチ中継
でんわ
東京喰種
トーク
にんきもの
メッセージ
ショップ
せってい

ベッドじゃ乾く。風呂じゃ流れる。ここならずっとヌルヌル

漫画 ☞ 丸岡 巧

ベッドでローションを使うと
乾いてきたね

風呂なら水分を足せるけど
流れちゃうね……
う〜ん

テレッテー
そうだ! ミストサウナだ!
なにそれ?

ミストサウナ ON!
ポチッとな

シューーー

ぬり
ぬり
あっ
とろ〜

これなら乾かないだろ
あっ ホントだ
やん♡
ヌル ヌル

数十分後…
すごいだろ
ずっとヌルヌルでキモチいい!
ハァハァ
ヌルヌル
ヌプヌプ

のぼせないよう注意を!
ハァ
ハァ
ハァ
ヌルヌル〜…

口だけにキスはもったいない。髪の生え際に性感帯アリ!

女の全身を舐め回すの楽しいですよね。でも、顔にはキスしかしないっていう人が多いんじゃないですか？　もったいないですよ！　女の顔は性感帯の宝庫なのに。

そこで、必殺の顔攻めテクを教えてあげましょう。その名も「生え際リップ」。キスの流れでチュッチュしながら頬をつたったところで、いよいよ本番。うなじ、耳の裏、もみあげ、前髪の付け根、そして反対側へ、というように髪の生え際にそって強めに舐めるんです。で、これを何往復もすると女はトロトロに気持ちよくなってしまう。

思い出してください。床屋で生え際を揉まれて気持ちよかった経験あるでしょ？

特に女の生え際は、刺激を伝達する感覚神経が男の数倍鋭いため、立派な性感帯と呼んでいいんです。

舐めすぎると顔全体がツバ臭くなるので、風俗なんかでやると嬢からイヤな顔をされることを付記しておきます。

電マの刺激をやわらげるにはプチプチがちょうどいい

漫画 丸岡 巧

刺激に弱い女にはパンツ越しに電マを
いいでしょ?

あん、いい!
ま、それも正解ですが…
ヴ
ヴヴ

梱包材のプチプチってありますよね?

これを
こうします
ジャ

フフフフ
ドキドキ

刺激がちょうどいい強さになり
あンッ
ヴヴヴ

凸凹がマンコ全体とクリをピンポイントで震わせます
ヴヴ

プチプチ最高〜イッチャう〜!!

お試しあれ!
今夜もこれぐらい使うかな〜
ニヤニヤ
バカ
梱包

背中や太ももの愛撫は左右対称が正解

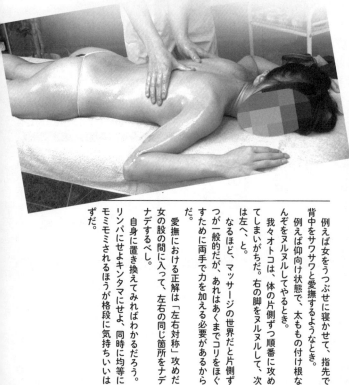

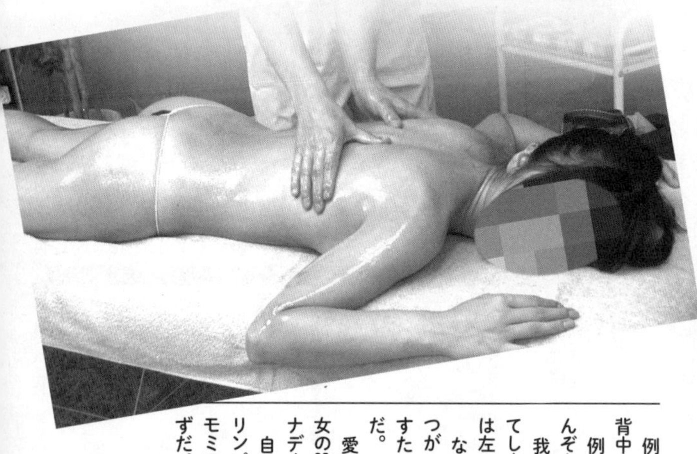

例えば女をうつぶせに寝かせて、指先で背中をサワサワと愛撫するようなとき。例えば仰向け状態で、太ももの付け根なんぞをヌルヌルしてやるとき。

我々オトコは、体の片側ずつ順番に攻めてしまいがちだ。右の脚をヌルヌルして、次は左へ、と。

なるほど、マッサージの世界だと片側ずつが一般的だが、あれはあくまでコリをほぐすために両手で力を加える必要があるからだ。

愛撫における正解は「左右対称」攻めだ。女の股の間に入って、左右の同じ箇所をナデナデするべし。

自身に置き換えてみればわかるだろう。リンパにせよキンタマにせよ、同時に均等にモミモミされるほうが格段に気持ちいいはずだ。

目隠しドキドキの緊張感を一気に開放せよ

漫画 ☞ 丸岡 巧

ホテルに向かう途中で
これつけてよ
え!? ここで?
目かくし&耳栓
も〜〜
手をつないで散歩しましょう

この状態だとドキドキが増し…
緊張するな——
どこ歩いてるんだろ
隣に彼氏がいても不安が止まりません
こんなのやだよ〜〜
ハァ
ハァ
そしてラブホへ
HOTEL

ヤバいヤバいイッちゃうよ〜〜!!
あぁ〜
ぴちゃ
ぺちょ
ずるる

緊張からの開放で一気に理性が崩れます
ビチョビチョじゃね〜かホラホラ
ブル
ブル

部屋に入るなり、こう
アッ
スルル

クリトリスの亀頭Uスポットをじっくり舐める

Uスポットを知っているだろうか。知名度は低いが、女がメチャクチャ感じる場所だ。

Uとは英語で尿道を意味するUrethraの頭文字で、その名のとおり尿道とクリトリスの間にある性感帯を指す。

奥には尿道海綿体という部分があって、これは男でいう亀頭にあたる場所。つまり、Uスポットとはマンコにある亀頭だ。亀頭を刺激するんだから気持ちイイに決まってる。

攻め方は、尿道の周辺を優しくチロチロ舐めたり、舌全体で押すように刺激する。たったこれだけだ。

最初はくすぐったがられるだろうが、無視して続けてみよう。効いてくるまで時間がかかるので、じっくり丁寧に丁寧に。10分も舐めれば、マンコはグチョグチョに濡れているはずだ。

さらに舐め続けると、おしっこを漏らしちゃう娘もいるので気を付けて！

毛先の細い歯ブラシはクリと相性がよろしいようで

漫画 ☞ 丸岡 巧

ビトイーン贅沢ケアを知っていますか？
前戯にも使えるんです！
普通の歯ブラシよりもかなり毛が細かくて
ツバで歯ブラシを濡らして
軽くトントンリズムよくクリを叩きます
トン
トン
あん こそばゆい
皮の間に毛が入りこんで
わあ 細かいのがいっぱい
撫でるようにこすります
ヤバい ヤバい
ハァ
ハァ
強めにこすっても
毛が柔らかくて痛くない～
シュ
シュ
スピードを上げると
もうダメ!!
シュコ
シュコ
アッ
アッ
イクー
ビクッ
ビクッ
ウシシ

ラブホから宅配ピザを
ご注文の変態さま方
漫画 麻々花
リポート・大山伸介
神奈川23歳 フリーター
PIZZA
PIZZA

俺はピザ屋のスタッフだ
Uramono
たまに近くのラブホ街から注文が入る
ピザでーす
おいくら？
2300円です
フロントが取り次いで代金を後で客に請求するところもあるが
HOTE
○○ピザです 203号のお客様からご注文なんですが
どうぞ行ってください
直接部屋まで持っていくホテルも多い
203
ピンポーン
ガチャ
まぁ、ちょっと入ってよ

ファサ

ほら、ピザ屋のにーちゃんに見られてるぞ
…あぁん
……

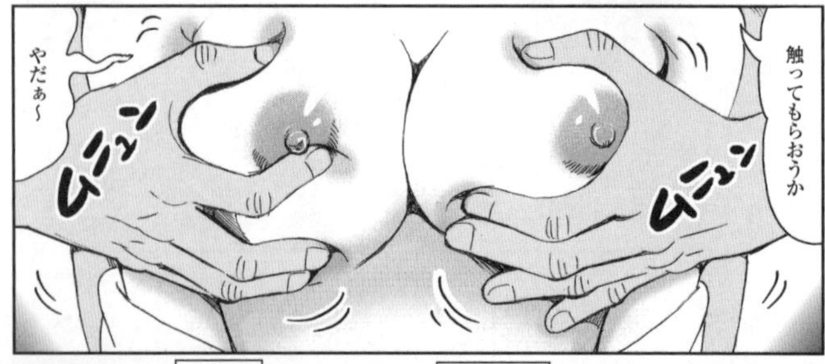
触ってもらおうか
ムニュン
ムニュン
やだぁ～

……
じゃあもういいよ帰って

とにかくこういう客の多いこと
あぁん

遭遇するのは単純な露出カップルだけじゃない
ピンポーン
○○ピザですー
Ka・MaMa
P

ガチャ
ちょっ、ちょっと

ハッ

とりあえずピザはそのへんに置いてもらってさ
…はい

撮ってもらいたいのよ
えっ!?

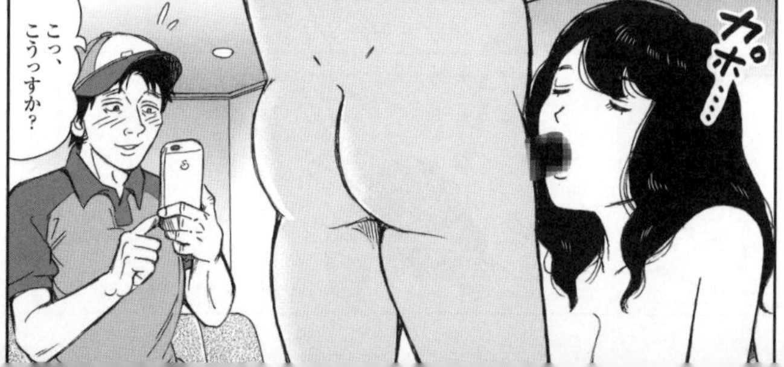
カポ…
こっ、こうっすか？

オレの顔は映さないで
女だけでいいから
じゅぽ
じゅぽ
もっと寄りで
あ、はい
あっ
あっ

ちゃんと表情撮れてる？
手ぶれとか大丈夫？
頼むよ〜
……わかりました
ズッコュ
ズコッ
あっ
あん
ピザ屋をなんだと思ってるんだか

頼まれたといえば
こんなことも
バコ
ガチャ
バコ
バコッ
ピザそこ
置いといて
ハイお金
バコッ

バコッ
いい女でしょ？
バコッ
バコッ
そうですね

ヤリたい？
ぐいん
あっ
バコバコ
えっ⁉

1万円でヤラせてあげる
…1万円ですか …お金ないんで

お釣り用のお金があるでしょ？
バコ
バコ
それは使えないんで…

抱いてってよ～ ちなみにいくらなら出せる？
バコ
バコ
…すみません 次の配達があるんで

それにしてもやられたい放題の女ってのは多い
コン
コン
HOTEL MAMAKA
カギ開いてるよー

ガチャ
ビトィ～～ン
ビックリしたぁ！

2300円です
ビイイィ～ン
…はい
ほら、早く支払って
これで…
プルプル
ぬあんっ
ガシガシッ
どっ、どうも
そして男もまたとんでもないのがいるわけで
ピンポーン
304
ガチャ…
304

おいくらですか？
2800円です
お先に200円のお返しです
どうもー
ほら、エサ来たよ
えっ!!
ほら、お腹空いたんでしょ？
ワン
ごめんなさいねここにピザ置いてもらえる？
リンワンワンワン！
ガッガッガツガツ
ほんっと変態だよねぇ
…じゃあ、ぼくは帰りますんで
ガツガツ
ムシャムシャ
どうも～

こんなケースも
おにーさんいくつ？
ペタペタ
…23です
若いじゃーん
じゃあ元気いいんでしょ？
カチャカチャ
ちょっ、何ですか
舐めてあげる〜
い、いいんですか？
ずいっ
はむっ
はうっ
何やってんだよっ！
グイッ
…いやあのが…
オレの女だよ！
…申し訳ありません
さっさと失せろ！
どんっ

予期せぬ事態は
しょっちゅうだ
いくら
でしたっけ？
2300円に
なります

…足りないわ
ゴソゴソ

お金ある？

うちも
ないんだけど

足りないとか
マジうけない？
ちょーウケる

1000円とかに
してもらったり
できませんか？

それはちょっと…
下ろしてきてもらったり
できませんかね？
いや、
口座にもないんで

困ったなあ…

じゃあ、抜きとかでなんとかなりませんか？
えっ⁉

好きなほうを選んでもらっていいですしなんなら2人でやるし

ビンビンじゃん
チュルチュル
気持ちいい？
あぁ、いいわあ
レロレロ

HOTEL MAMAKA
ドピュッ

ふ～、足らない分は立て替えとくか

最近一番ビックリしたことと言えば
あ、どうも！
おにーさん、イケメンだね
いやいや、そんなんじゃないっすよ
ぼくのツレおにーさんみたいなコすごいタイプなのよ
PIZZA
ちょっとカランでかない？
えっ、それはまぁいいんですか？
そんなに緊張しないでいいよ
あ、はい
ギョッ!?
シコシコシコ
カモーン！
ひぇっ
シコシコシコシコ
失礼しましたー！
ピザ屋って大変なんですよ

青田典子の言葉を借りてイラマチオを納得させる

漫画☞サレンダー橋本

ジュポ
ジュポ

もっと深くくわえてよ
ガッ
オエッ
ゲホッ ゲホッ もうムリ！
イラマチオを仕込むのって大変ですよね

そういうときはこんな感じで説得してみてください
ノドの奥を鍛えるとすばらしい性感帯になるんだよ

ウソだー そんなの聞いたことないし
本当だって！元CCガールズの青田典子もTVで言ってたんだから

え、そうなんだ？じゃあ本当かも
信じてくれた？

女を説得するには理詰めの説明よりこんなバカげた逸話の方が何倍も効果的なんです

もちろん、ノドの奥が性感帯にってのは本当の話

ガン
ガン
オエッ オエッ！

イラマに慣れてくると苦しさのなかにも

不思議な快感を覚えるようになるのです

ふぉんふぉわくへひなるふぁも
（本当だクセになるかも）

ちなみに拒食症の女がゲロを吐き続けるのも一説にはノド奥の刺激が中毒になっているからとも言われてるそうです

おえーっ
でも気持ちいい！

ジュボジュボの速さは肩を叩いて教えてやる

漫画 ☞ サレンダー橋本

最初からスピードマックスかよ
もっとゆっくりがいいのに
カポカポカポ
せっかくイキそうだったのに
なんでスピード落とすんだよ
チュパ
チュパ
フェラスピードの勘どころをまるでわかっていない女はけっこう多い
かといって…
最初はゆっくり舐めて
うん
グラインドをもっと速く!
う、うん
いちいち言葉で指示を出すのは野暮ったいし
エロムードだって壊れかねない
イイ方法を教えよう
肩をたたく速さに合わせてフェラしてくれる?
うん やってみる
ポーン
ポーン
いいね
ああ~
パン
パン
ジュポ
はっ
いいいいいいいいいいいいい~
ジュボ
イクッ!
意のままに女を操ることが可能だ

耳たぶや髪を撫でれば永遠にしゃぶりつづける

漫画☞サレンダー橋本

あ〜気持ちいい〜
……
ジュポ ジュポ
もうやめていい？
まだだよ
くう〜〜
……
ジュ
もういいでしょ？アゴ疲れちゃった
ええ〜？

延々と女にフェラをさせるのは
何も難しいことではない
お願いもうちょっとだけ
ホントにあとちょっとだよ
行為の最中にこうしたり
もみ もみ
なで なで
あるいはこうしたりすると

単に安らぎを覚えるだけでなく
男に尽くしてやりたいという心理が芽生えてくるのだ

いつまでたっても続くフェラ
ふい〜〜
止まらない舌の動き

ああイクッ
女って不思議な生き物だ

舌の裏側を使わせて強制的にツバだらだら

漫画 ☞ タカヤマヒサキ

フェラの良し悪しは
唾液の量で決まる

そんなフェラを実現する
仕込みのテクを紹介するぞいっ
ニヒ

フェラして
オッケー

ときどき亀頭を舌の付け根にも持ってってって
ホッヘー
グ
グ

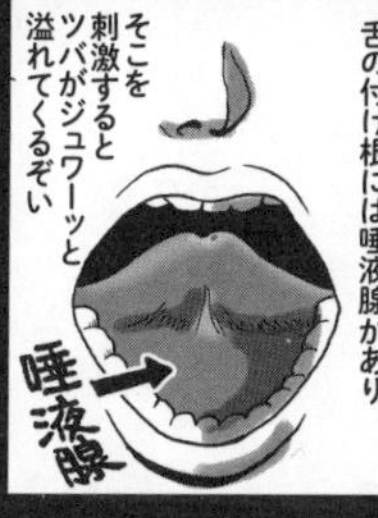
舌の付け根には唾液腺があり
そこを刺激するとツバがジュワーッと溢れてくるぞい
唾液腺

しかも舌の裏側はツルツルしていて表側とはまた違った刺激も楽しめるのじゃ
おっなんか気持ちいい!
ジュポ
ジュポ

と、トロけそうだ〜
ゴボ
ゴボ

ツバが減ってきても唾液線が刺激されれば…
ヤバいイキそう!
レロ
ネチョ

簡単にフェラ職人を育成できるのじゃ
ドピュ

ゴックンさせるには「吐き出されるとせつないな」

漫画☞タカヤマヒサキ

イキそう
口に出して
いい？
やだ！
絶対ムリ！
カポッ
カポッ

なんでよ
いいじゃん！
オエって
なるから
イヤなの！

口内発射を嫌う女に無理強い
は逆効果だ
あの…
しかし好手があるので
ご紹介しよう

そんなに拒否されると
俺の体液が汚いって
思われてるみたいで
悲しいな…
え…

ごめんね
口に出して
いいよ
ギュッ
女は情に訴えられると
途端に優しくなる生き物なのだ

だ、出すよ
う、うん
ドクッ

できればソレ
飲んでほしいな
吐き出されると
俺がイヤなこと
してるみたいで
せつなくなるよ

ゴクリッ

やがて
セックス
後の
お掃除フェラまでこなす
ナメナメ娘に生まれ変わります
よしよし
いい子だねえ

呆然とした表情でめちゃくちゃ褒めまくれ

女のフェラ技術を上げる一番の近道は、おしゃぶり好きにさせるに限る。「好きこそモノの上手なれ」という言葉もあるように、人間とは自分の好きなことになら苦労を苦労と思わず、ひたすら研究に没頭するものだ。

では、どうやってその流れに持っていくかというと、日ごろから女のフェラを誉めまくってやればいい。他人に絶賛された自分の技術に誇りを感じ、愛着を抱いてしまうのもまた、人間の根源的な習性だ。

とはいえ、単に「フェラ、上手いね」「気持ちいいよ」と誉めるだけでは全然もの足りない。そのくらいのお世辞など過去の男たちから散々言われてきたはずなので、いまさら心に刺さらないのだ。

私が推奨する誉め方はこうだ。

フェラが始まったらまず「ああ、ああ」とやや大げさに喘ぎ声を出し続け、一区切りついたところで、呆然とした表情で女を見つめる。そして、ちょっと信じられないといった仕草で首を左右に振りながら、こうつぶやくのだ。

「何コレ？　気持ち良すぎで白目むいちゃったよ。今までフェラは好きでも嫌いでもなかったけど、●●ちゃんのおかげでドハマリしそう」

その後も2、3回、フェラされるたびに悶えまくり、ドハマリした様子を見せつけてやれば、もうこちらのもの。自信をつけた女は、さらに技術を向上させるべく、ひとりでに走り出す。

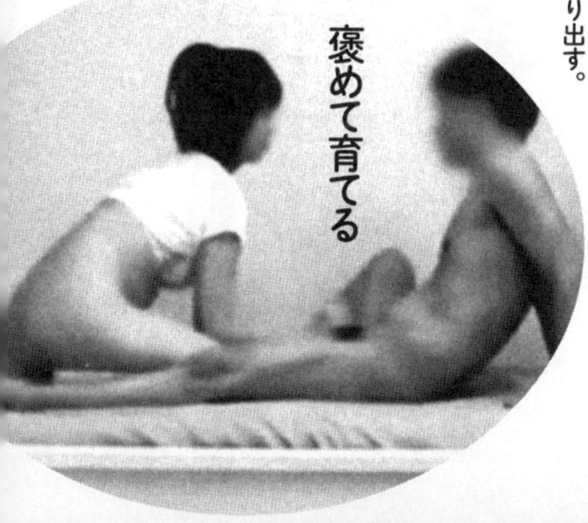
褒めて育てる

唾液たっぷり用アドバイス「シーツをダラダラにしていいよ」

漫画 ☞ 和田海苔子

チンポをたっぷりのヨダレでしめらせる
気持ちいいフェラの基本中の基本テクなのに
ジュル
ジュル
ジュル
いくら言ってもベチョベチョにしてくれない
ねえ、もっといっぱいツバ出してみてよ
うん…

けっこう出してるけどな…
ぜんぜん出てねえよ…
そもそも「唾液いっぱい」の感覚が違うのだ
これぐらい
これぐらい
そこでこう伝えてみよう
シーツをダラダラにしちゃっていいから

え～、そんなに！？
おっ
じゅ
じゅるる
あ～気持ちよくなってきた
べちょ
べちょ
じわ～
あ～、ヤバイ、イクイク！
ヌル
ヌル
ベチョ
ベチョ

女性誌の影響で舌先ツンツンを信じている女たち

漫画☞和田海苔子

かつて女性誌が
とんでもない誤報を
広めた時期がある
MORE
CLASSY.
STORY

それがこれだ
舌先をツンツンさせて、
舐めてみよう

みなさんの周りにもいるだろう。
これを信じている女が
どう？

かくも女性誌の影響は
おそろしい
しら〜

ここはガツンと言ってやろう
ねえ、雑誌に書いてたこと、
信じちゃダメだからね
え？
なに突然？
ポン

フェラのとき、
舌先をツンツンさせる
ってのはウソだから
え！
そうなの…
落雷にうたれたようになる
女の多いこと

もっと舌を
柔らかくして。
そうそう
こう

ツンツンとは
真逆だからね
うん
ぺろ
ぺろ

これからは女性誌より
裏モノを読みなさい
なにそれ？
そこまでは
言わなくていいでしょう

ネットリまったりを伝えるにはチョコバナナを例に

漫画☞大串ゆどうふ

うーん
ペロペロ
もっとさ、まったりと全体を舐めてみてよ
うん
うーん
ペロペロ
そうじゃなくてもっと包み込むような感じだよ
うーん、やってるつもりなんだけど…
なかなかうまく伝わらないですよね
正しい伝え方はこう
チョコバナナって、わかるよね？
うん
表面のチョコをぜんぶ舐めとる感じで舐めてみて
口の中に入れてるイメージ
あ～なるほどね
うっ
舌をつかってねっとり
ジュポジュポ
あ～～

手コキを教えるには女の指で実演するが良し

恥を捨てて女になりきれ

フェラ下手女に仕込むとき、相手の指を舐めて教える、というテクニックがある。言葉で説明するのが難しい微妙な舌の動きも、本人の指先の感覚で感じ取ってもらえば、こちらの求めるものを理解してもらいやすい。実に理にかなった方法だと思う。

さて、俺がおすすめしたいのは、このテクニックの応用だ。実は手コキが下手な女も、まったく同じ方法を使って手練れに改造することができる。

相手の人差し指と中指の2本を揃えて立たせ、自分のチンポだと仮定して実演する。

特に上下にストロークすればいいだけだと思いがちなので、サオ部分をひねりながら上下させたり、亀頭を指や手の腹で包むようにひねる回転系の動きを見せると、「なるほど!」と驚いてくれることが多く、効果が高い。指と指の間から滑らせるような動きも、一発で理解してもらえるはずだ。

あとはその都度、「ゆっくり動かして」「もっと早く」などと言葉でサポートすれば、どんなに不器用な女の子も手コキマスターに早がわりだ。

ストレスなき発射のため チンポ角度を 楽にしてやるべし

漫画 ☞ 大串ゆどうふ

ジュポ
ジュポ
こんなフェラや
ジュポ
ジュポ
こんなフェラ
悪くはないけど何かもの足りない
……
ペロ
ペロ
理由はチンポの角度です
自然な角度はこうなので
射精のとき苦しいんです
ううう…
グィ
ギュ〜
だから
立ち膝になってチンポをラクにしてやって
ジュポ
自然な角度
ジュポ
ドピュ
出る〜〜
ちょっと横にきて、チンポをラクにしてやって
ジュポポ〜
ストレスなく発射できます
自然な角度
気持ちいい〜〜!
ドピュ

「ananに書いてた」と言えば女は何でもします

漫画 ☞ 和田海苔子

女子のanan信仰はハンパじゃない
anan
官能の流儀
なんか、ananに書いてたらしいんだけどさ
うんうん
フェラって、音を立てて舐めると男が喜ぶって知ってた?
え～知らなかった～
ほら、もっと音だして。ananにも書いてんだから
うん
ぺちゃ
ぺちゃ
ねえねえ
ん?
これもananに書いてた話でさ、ほっぺの内側でチンポをこすると、めっちゃ気持ちいいんだって。やってみて
うん
ぷっくり
アナルはねっとり舐めるのが正解って、ananに書いてたんだって
……
ほら、舐めて
ねっとり
ananに書いてたと言うだけでムリな注文がしやすいんです

どんな劣等生でも左手のタマモミぐらいは出来る

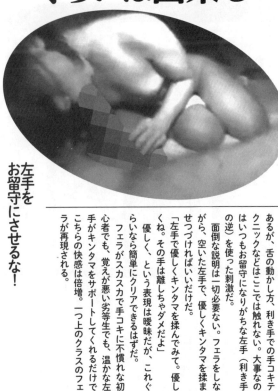

左手をお留守にさせるな！

いいフェラの条件にはいくつかポイントがあるが、舌の動かし方、利き手での手コキテクニックなどはここでは触れない。大事なのはいつもお留守になりがちな左手（利き手の逆）を使った刺激だ。

面倒な説明は一切必要ない。フェラをしながら、空いた左手で、優しくキンタマを揉ませつづければいいだけだ。

「左手で優しくキンタマを揉んでみて。優しくね。その手は離しちゃダメだよ」

優しく、という表現は曖昧だが、これぐらいなら簡単にクリアできるはずだ。

フェラがスカスカで手コキに不慣れな初心者でも、覚えが悪い劣等生でも、温かな左手がキンタマをサポートしてくれるだけでこちらの快感は倍増。一つ上のクラスのフェラが再現される。

ローションの毒見で口に入れても大丈夫と思わせる

漫画 なかむらみつのり

ローション、かけていい？
いいけど…
ヌルヌルして気持ちいいわぁ
ヌル〜〜
……
いつなんどきも女の思考を読むべし
このあと「舐めて」って言ってこられそうだけど、ローションって口に入れたらヤバイよね？死ぬよね？
そこでローションフェラをさせたいときは、こう動く
こっちばっか気持ちよくしてもらったら悪いし、クンニしてあげるよ
…あ、うん
ローションかけるね
えっ？
トロ〜
きもちいいでしょ？
レロレロ
…うん、いい
ローションって口に入れても大丈夫なんだ！てか、ローションつけて舐められるのって、こんなに気持ちいいんだ！
じゃあこっちも舐めてもらおっかな
ローションかけていいよね？
いいよー
トロ〜
うほほ〜い
『毒見』してやればこの通りです
ローション追加していい？
いいよー

「フェラ」を隠語にすれば気軽にお願いしやすくなる

漫画☞なかむらみつのり

私の仕込みは『命名』から始まります
チューチューしてる顔、かわいいね
なにそのチューチューって〜
ネーミングは、なるべくポップな感じでフェラを連想させるものに
もっと見せて、チューチューしてるとこ
もうやだぁ〜
すると普段使いしやすいので
こんなチューチューいいなぁ。練習してといてよー
まだチューチューとか言ってんの〜
あいつら、チューチューしてるかな?
ははは。してるかも〜
だんだん女に照れがなくなってきて
週末遊ぼーよ　チューチューの練習は進んでる？（笑）
え、チューチューされたいの〜？
そのうちにこんなふうなお願いも余裕のよっちゃんで
…チューチューしてもらいたくなってきたんだけど
ちょっとそのへんでさ
えー、マジでチューチュー?
これ「フェラ」だったら言いにくいと思いません?
ちょっとフェ、フェフェ…
?
軽めの隠語にしておくことでお互い気楽になれるんです
たまんねー
チュパ
チュパ

愛の手つなぎでノーハンドに持っていく

漫画 なかむらみつのり

手を使わずにやってみて?
やだぁ、首が疲れそうだし
口だけでやってみて?
そういうのできないんで
うーん
これくらいのことも聞いてくれない女ってけっこう多いわけで…
編み出した方法がこれ
サッ
ねぇ、手を握って
好きだよ
うん
サッ
ぎゅーとして
お願い、ぎゅーとして
いわば「愛」の手つなぎです
よっしゃ!
ギュ
どうですかこの作戦
あぁぁ、最高に大好きだよ~

皮をピーンと引っ張ってから舐めさせるべし

漫画 なかむらみつのり

付け根を持ってもらうと気持ちいいじゃないですか？
手を添えといて
わかったー
これがいいんだよね
うひょ〜
レロ レロ
…って、あれ？
なんか前と違うんだけど…
!?
ピーン
グイッ
皮がピンとなってなくちゃダメなんだ！
ハッ
というわけなんで正しい指示の仕方はこう
サオの皮がピンとなるようにしっかり手を添えて
わかったー
ピーーン
クイッ
よし！
レロ〜
がっつり刺激が伝わってくるわぁ
パーン
パーン
きっもちいーー！

常に吸うのではなく「上がるときに吸え」

漫画 なかむらみつのり

んん〜
どう？
チュポン
吸い上げられるのって気持ちよさそうでしょ？
そこで考えまして
吸引＝快感、関係性ってあるんじゃね？
ちょっとお願いがあるんだけど？
はひ？
頭をあげるときは、吸うようにしてみて
スー
へ？
すううう〜
ふううう〜
そうそう！
しい〜
その調子でいいよ
この唇の締まり
ズビュ〜
この亀頭への圧
グググッ
スー
命じるときは単に「吸え」ではなく「上がるときに吸え」です
もうイキそう〜
ズビュ〜

部屋を真っ暗にすれば羞恥心ゼロでテクを駆使してくる

フェラをさせるとき、部屋の電気を暗くするのは芸がないと思っていた。女の顔が見えたほうが楽しいから。

でもある日、セフレとのエッチでたまたま完全に真っ暗にしたところ、不思議なことが…。

普段はあれこれ舐め方を指示しても応じないのに、自ら積極的にしゃぶってきたのだ。どういう風の吹き回しなのか？

出た答えは、こうだ。

●部屋が明るい↓テクを使うことに羞恥心が生まれる。

●部屋が真っ暗↓そうはならない。

この方程式、他の女でも検証してみたところあてはまった。やはり真っ暗にすると、開き直ってくれるのだろう。

というわけでオレ、今はセックスの最中、フェラのときのみ部屋の電気を真っ暗にするという芸の細かいことをやっております。

中途半端な薄明かりではなく真っ暗にするのがコツ

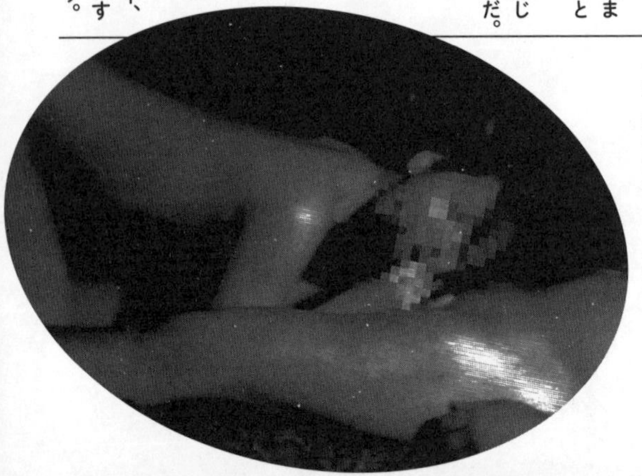

顔射の美肌効果をニューヨーカーが認めてくれました

漫画☞丸岡 巧

チュパ
チュパ
ヤバイ
イキそう！

顔に出していい？
ハァ
ハァ
ギュ
絶対に
イヤ!!

精子って
美肌効果が
あるんだよ
ウソだ〜
この説得だけでは弱い

そこで
ニューヨークには
精子フェイシャル
エステがあるんだ
ウソばっか

「nyc spa spermine」
で検索

ほらほら
21:52
Beauty Treatm
Spermine Facia

スペルミン フェイシャル
ってことは精子で顔を
キレイにするってことだよ
へー

最先端って
感じだよね〜
それじゃ
しょうが
ないなー

イクッ！
ど
ぴゅ

お肌が
プルプルだわ〜
毎日しましょ！
YES!!

「手で!」「口で!」「また手!」ヨガリながら言うとよろしい

漫画☞丸岡 巧

ちゅぼ
ちゅぽ
口だけじゃ駄目なんだよ…
手の重要性をわかってない女は多い
もっと手を使ってくれないと!
ビシッ
でも普通に「手を使え」では伝わらないので
どうやって?
?
フー

逐一教えてやろう
ちょっと手でヌルヌルして!
ヌル
ヌル
はい、また口に戻して
ぱく
あぁ気持ちいい
じゅぽ
じゅぽ
ああまた手で……
ちゅぱ
ヌル
ヌル

あっ、また口で……
あ— 気持ちイイ
はむっ
ふふっ カタくなってる〜♥
そろそろ手で……あ〜すごい!!
ヌルリ
ヌル
ヨガリながら言うと喜んでやってくれます
次はまた口……あっ イク——!!
ズビビビビ

（アナルを舐めないと愛していないことになる）と思わせよ

フェラの延長としてアナル舐めは無視できない。しかし、ペニスから睾丸、そしてアナルへと連なる性感山脈の中で、最も舐めさせにくいのがアナルでもある。不潔感が段違いなのだろう。

愛していればこそ…

俺がアナル舐めを仕込むときは、いつも自分から率先して女のアナルを舐めるところから始まる。そして一言こう言うのだ。

「愛してる娘の体なら、なんだってできちゃうよ」

そう、愛ゆえにアナルに舌を這わせていることをアピールするわけだ。

そして攻守交替したらこうだ。

「あ、もっとお尻の方もお願い」

すると女の頭にはこの論理が突き刺さる。（さきほど彼は、愛してるから舐めたと言った。つまりここで舐めないと、私は愛していないことになる）

愛という言葉はそれほどまでに強い。おそるおそる舌を差し出してくるものだ。

あとは大げさに感じたフリをして自尊心をくすぐってやれば、以降もアナル舐めは基本プレイとなる。

これが一番カンタン！好きなフェラを動画で見せる

漫画☞丸岡 巧

これ見て
じゅぽっ ちゅぽっ ちゅぽ
奥までフェラ

こんなふうにやってほしいな〜
も〜

ほう？（こう？）
そうそう
ぢゅぽ じゅぽっ

こんなのもイイな
れろ ぺろ
ぺろ
金玉舐め

こう？
そうそう！
ぺろ
ぺろ

こんなのも憧れるんだけど
じゅぽぽぽぽぽぽぽ
高速フェラ

ハァ いいぞォ
ハァ
ぢゅぽ チュプ
ジュポポポポポ

今日はコレ!!
れろ ぺちゃ
舌絡ませ

好きなフェラの動画を見せれば簡単に仕込めますよ
こうかしら？
ぴちょ ぺちゃ
いいね〜〜♪

「オナホ扱いされて嬉しい?」実際にうれしいそうです

漫画 ☞ くみハイム

試しにこんなセリフをはいてください
くちゅ
くちゅ

この口はオナホみたいなもんだな
ぺろ

オナホ扱いされてうれしい!?
カポ
カポ

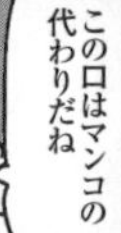
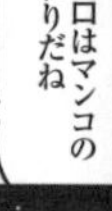

この口はマンコの代わりだね
ぺろ
ぺろ

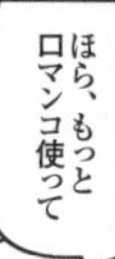

ほら、もっと口マンコ使って
ぺろ
ぺろ

ブオー

この口は精子をそうじする道具だな
くちゅ
ぺろ

フェラマシーン、もっと締め付けて
カポ
カポ

道具扱いされると喜ぶ女って多いんですよ
これからもオナホ扱いしてあげるからね
はふ
はふ

出るぞ。精液バキュームカーなんだからちゃんと飲めよ
ゴポゴポ
はひ

ほら、ちゃんと吸うんだよ、バキュームカー
ちゅー

逸らすタイミングをなくせば、見つめフェラのできあがり

漫画☞くみハイム

ちゅーちゅー
ほら、こっち見て

えー、恥ずかしぃよー
フェラ中に目を合わせたがらない女は多い

ちゅ
そこで最初に

こっち見て

ずっとそのまま見ててね
うん…

胸舐めて

ああ、かわいいよ。もっと下のほうも舐めて
ぺろぺろ

ああ、そのまま、もっと下へ
つーつー

そのまま、ずっとそのまま舐めて
ぱくん
目を逸らすタイミングをなくせばいいんです

一点集中ではダメなことを伝えてやらねばならない

上手く誘導しよう

女に特有の行動パターンがある。あるひとつの行為を褒めてやると、そればっかり繰り返すという習性だ。

たとえば裏スジ舐めで「うっ」と声でも出そうものなら、ずっと裏スジばかりを攻めてくる。あれはいったい何だろう?

おそらくクンニのせいだ。女はクンニで同じ場所を執拗に舐められることを好む。男もそれと同じだと勘違いしているに違いない。したがって我々は教えてやらねばならない。

「裏スジもいいけど亀頭もいいんだよ」

「亀頭もいいけどカリも感じるんだよ」

「カリもいいけどタマも舐めてみて」

あくまで「いいけど」と言いつつ他の場所へ誘導していくのがベストだ。

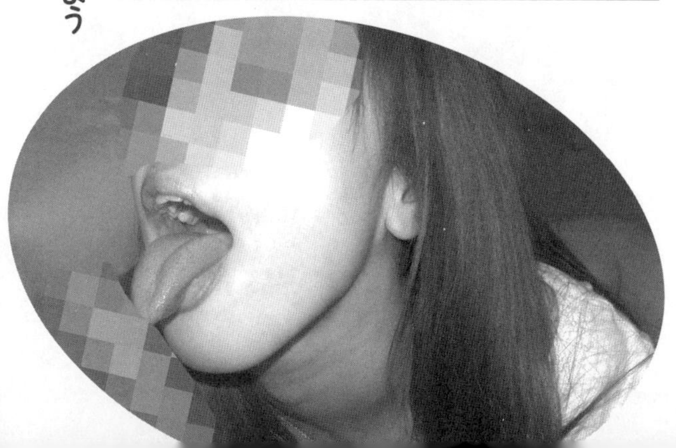

女どもよ
チン萎え
させないでくれ!
漫画 しゅりんぷ小林
リポート・8人の裏モノ読者

男のチンコってのは
繊細なものでして…
ストリップシアター
バッ
ハイッ！
え…
こ、これは…
おお
おお
編集部山野
白髪が一本

マジか…
ちゃんと処理…
しとけよ〜
なえ〜
ーーと
こんな些細なことでも萎えてしまうものなんです
てなワケで今回は裏モノ読者のチン萎え体験をご紹介しましょーう！
オマエじゃま！
グググ
グググ
その①出会い系
フフッ
こんな上玉と出会い系で会えるなんて今日はツイてるぞ〜

おいしいですね
そうだね
そしてもちろん…
HOTEL
HOTEL
フリータイム
入るよ
HOTEL
あっ わかりました…
ほら 脱いで脱いで
はい…
大丈夫だよ
ザ
恥ずかしい…
性格もいいし マジで大当たりじゃーん！
いいよね？
優しくしてくださいね…
ギシ…
うん！
んっ…

うほーっ
ビーン
クチュクチュ
んっ！んっ！
ヌチュヌチュ
クチュクチュ
んっ！んっ！
ヌチュヌチュ
んっ！んっ！
!!
ヌチチチチ…
ギギギ…
ん〜〜っ!!
な、なんだよ
この顔は〜！
か――っ!!
なえ〜
感じると顔が
豹変する女って
いるんですね…

その②
彼女と
や〜ん
いいじゃないか〜
たまには大胆に…
もう、それ
恥ずかしいよ〜
まんぐり
いや、
このままで…
まて、
なんだ
これは??
ひ〜、コレは
萎えるう〜
それは目の前のケツの穴から
ニラが一本コンニチワ
昨日ニラ玉を食べたのか?
(グロいので漫画描写拒否)
その③
処女で陥没乳首
マジで処女?
OK!
実は
わたし…
乳首が陥没?
OK!
ロプロプ
チュウー
ロプロプ
チュウー
プロプロ
チュウー
ポンッ
ピョコ

ほーら！
出てきた！
え？
しかし乳首と
一緒に中から
垢がボロボロ
コレが超臭い
（これも描写拒否）
な・え～～
処女キープ！
その④
前の男は？
ホテル イク イク
STAY 5000～
付き合って二ヶ月
ようやくここまで来たぜ
あ～～
もう生で
いいでしょ
外に出してね！
ずぶりゅ
やっべ～
もう
出そう！
えっ
イクぞ
イクぞ～
……
ピカッ

え？
口に出せってこと？
それはいいんだけど
なんだこの自然な
口の開け方は!!
前の男とは毎日
コレだったのか!!
なえ〜
その⑤
デリヘルちゃん
気持ち
いいですか？
スコココココ…
モミ
モミ
いいけど…
確かに巨乳
なんだけど…
コリ
コリ
なんか
しこりが…
もしや乳がん？
こんなに若くて
可愛いのに〜
もうすぐ乳がんで
死ぬのか…
若いのに
なんて不憫な…
元気ないね〜
どうしたの？
お客さん
なえ〜

その⑥
ヘルスにて
…ココ
高級↑
ヘルス
前から気になって
たんだよな〜
よーし、給料も出たし…！
トン
トン…
いらっしゃいませ
どの娘がよろしいですか？
うーん
この娘で！
お目が高い！
美人だし
スタイルも
いいし
最高ですよ！
はじめまして！
本当にサイコー
じゃん！
ハァ〜〜〜
え？
どうしたの？
疲れてるの？
シャワー
気にしないでください
ハァ〜
そう…

シャワー
じゃあ
脱がせますね
ズルッ
ハァ〜
私も脱ぎますね
ハァ〜
シャワー浴びますね
ザバー
ハァ〜
ホントに
大丈夫なの？
大丈夫です
ハァ〜、ベッドに行きますか
ハァ〜
気持ちいい
ですか？
カポカポ
いい
けど…
ハァ〜
カポカポ
ハァ〜
カポカポ
ハァ〜
カポカポ
ハァ〜
カポカポ
ハァ〜
なえ〜
ハァ〜

ハァ～
なんか
やわらかい
んですけど
ハァ～
あのな…
そんなため息
ばかりついて…
ドドン
ボッキ
するかー！
ハァ～
ハァ～じゃねえ!!
ドタッ
その⑦
バーでナンパ
FISH&CHIPS
HUB
THE
ENGLISH PUB
なになに？
彼氏いないの？
そんなにずっと？
うん
もう3年くらい
いないんです～

そりゃ
寂しいでしょ
ハイ…
トロン…
もらった
もらった
もう3年も
彼氏がいない
なんて
ホテル
いらっしゃいま
好きな部屋をお選び下さい
グイ
オレの
ビッグマグナムを
痛がるかな
ねっとり舐めて
濡らしてやるか
逆にいきなり
ズブっと…
グイーン…
モコ
う～ん
楽しみ!!
ズンズン
いや～ん
ドサ…
どれ
どれ…

ズルッ
あっ
パッ
パッ
パッ
ほりゃ！
ズブブッ
はうん！
どうだ
いいだろ？
うん
久しぶりの
チンポどう？
うん
いいよ
エッチは
いつぶり？
昨日ぶり
昨日？
昨日
さっきの店で
ナンパされて〜
こ、こいつ
彼氏がいないだけで
ヤリマンか!!
いいわ〜
なんだよ〜
なえ〜
ヌルスポ
え？

その⑧
清楚な女
HOTEL
思えば
長かった…

今、この部屋で
服を脱いでるこの女
先にシャワー
浴びますね…
うん！

親戚のすすめで
見合いして、退屈な
デートを一年間
重ねてきたが…
絵画展
クラシックコンサート
早い門限

…ついにここで
結ばれるんだ〜
そ〜
ビーン…
グ…

クンクン
って、脱いだパンツの
股ぐらの匂いを嗅いでる〜！

いつもの癖か
そりゃないぜ！
なえ〜
…いかがでしたか？
ったく、
我々オトコって
大変ですよね〜
山野
結局白いマン毛をもらってくる

4月。我々風俗好きが、待ちに待った春の到来である。

学校を卒業したばかりのウブっ娘たちが、恐る恐る風俗の世界へ足を踏み入れるこの時期、特に未経験者でも入りやすいライトサービスの手コキ店には、今年も質のいい素人娘たちがワンサカ集まっていることだろう。

そんな1年で最もアツい今の季節に、あらためて確かめておきたいことがある。

電マの威力だ。

今さら説明の必要はないと思うが、電マはゴム製の丸い先端部分がブルブル震えるだけの道具だが、ハマる娘にはめちゃくちゃハマるようで、「セッ

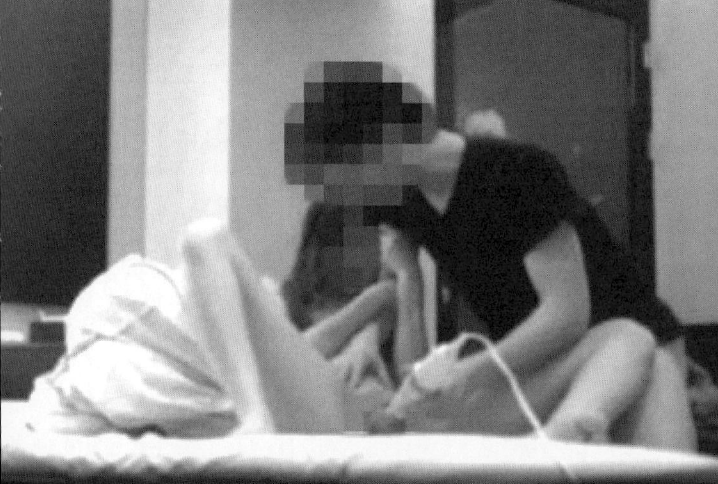

クスだとイケないけど、電マだったらイケるよ」なんて話は皆さんもよく耳にすると思う。
その電マの威力をもってすれば、まだスレていない新人手コキ嬢を、一瞬でトロトロにすることができるだろう。そして、四十路を過ぎた中年オッサンの俺でも、ハタチそこそこの上玉新人ちゃんを、その勢いで簡単にセックスまで持ち込めるのではないか。

当然入れて欲しくなるはず

さっそく実験開始だ。
まずは上玉の新人手コキ嬢探しから。ネットで可愛い子が多いと評判のいくつかの手コキ店のホームページを開き、出勤嬢の欄に「新人」と書かれた女の子を探してみると、某オナクラに、これ

新人手コキ嬢を電マでトロトロにすれば本番できちゃう？

リポート 棚網キヨシ……………フリーライター 42歳

はという新人ちゃんを発見した。

20歳のフリーターAちゃん。プロフには、モザイク越しながら、色白で細身の可愛い雰囲気が伝わる写真が載っている。かなりの上玉ちゃんに違いない。

問い合わせたお店のスタッフによれば、Aちゃんは1週間前から体験入店をスタートし、今日から本採用になったばかりの正真正銘の新人ちゃんとのこと。よし、1人目は彼女に決めた。すぐに予約し、ホテルにチェックイン。

あらかじめ用意してきた電マをカバンから取り出し、さりげなくベッドサイドに置く。これで準備完了だ。

間もなくして、コンコンとドアをノックする音が。

「こんにちはー、Aでーす。ウフフ」

ドアを開けると、爽やかな笑顔のAちゃんが現れた。色白の細身で、女優の吉高由里子を柔らかい雰囲気にした、奥二重の和風美人だ。写真のイメージより実物の方が数段可愛いぞ。

「Aちゃん、写真より可愛いね。髪型は変えたの?」

「あ、優しいですね〜。そうなんですよ〜、あの写真、この前すごい急いで撮ったんで、髪の毛ボサボサなままだったんです〜フフフ」

ほんわかしたしゃべり方で、どこか天然ボケっぽい雰囲気。こんな娘とヤレたら最高だな。

「この仕事はいつからやってるの？」

「えっと、体験入店が終わって、今日が本入店の日なんです」

「そうなんだ」

「だから、本入店、初のお客さまなんですよ、エヘヘヘ」

体験入店で対応した客はまだ数人だが、みな紳士的で、特に大変なこともなかったそうな。当然、まだ股間に電マはあてがわれてないだろう。

「それでですね」

「ん？」

Aちゃんが、俺の隣に腰掛けて、小さな紙切れを見せてきた。

「お客さまが選んだコースがこちらで、服の上から触ってもいいんですけど、それ以上はオプションになってるんですね」

「ほうほう」

「どうしますか？」

オプション表には、電マの項目はないので、「ヌード」のオプションだけつけてもらった（タッチは一切ナシ）。電マは途中で取り出せばいいだろう。裸で電マを当てられて、目の前に勃起チンコを出せば、当然入れて欲しくなるはず。よしオプションは決まった。

「とりあえず、ヌードだけでいいかな」

「わかりました〜フフフ。じゃ、はじめますか？」

ということなので、ズボンとパンツをおろして、手コキ開始。ローションも使わず、シュッシュッと単調で拙いストロークをひたすら続けるAちゃん。さすが新人嬢ってじなのは興奮ポイントだけど、こんなんじゃ射精できないぞ。

ここでAちゃんに服を脱いでもらい、綺麗なおっぱいを見ながら再び手コキしても

新人ちゃんは下手な手コキもご愛嬌です

らいつつ、ちょっかいを出してみる。「ダメだよ〜」と言いながらカラダをかわしてくる。新人なのにそこはしっかりしてるんだな。

よし、やはり電マにお出ましいただくしかないな。

「イッたの？」「うん…ウフフ」

「あれ？ そこに置いてあるの、電マだ。Aちゃん、使ったことある？」

「え〜？ ないですよ」

「ちょっと試してみようよ」

「え〜？」

枕元に置いたオプション表を手にとるAちゃん。

タッチはタダで
OKだよね？

「電マですか…、オプション表にはないですねぇ」
「だからオプションとかじゃなくてさ、何事も経験じゃん。どんなもんか試してみようよ。気持ち良かったらメッケもんでしょ」
「はあ…」
なんとなく納得できてない様子だが、その隙に、電マのコンセントを差し込み、準備完了。
「じゃ、ちょっと横になってみて」
「はい…」
と言いながら、パンツを脱ぐAちゃん。よしよし、やる気が出てきたみたいだ。
「とりあえず、強と弱があるから、弱の方でやってみよう」
「はい…」
ブブブブ…
ものすごく不安そうな目で、股間に近づく電マを見つめるAちゃん。
電マの先端がマンコに触れた！
「ヒャッ！」
大きな声を上げながら、カラダをビクッと震わせる。なかなかいい反応ですよ。

「痛くない？」
「大丈夫です。気持ちいい…」
目をつぶり、手をぎゅっと握りしめている。
ブブブ…
「ああ…あああ〜！」
ブブブブ…
「ああ…、あっ、イヤッ！イヤッ！」
しばらくすると、俺の腕をギュッと掴み、全身に力が入ってきた。股間を見ると、ほとんど濡れていないものの、クリは赤く膨らんでいる。
ブブブブ…
「ああ、ああっ、ダメ、イッち

ああ〜
気持ちいい…

電マ登場!

ゃう！　ああ、イッちゃう、イッちゃう！」

脚をピンと伸ばした状態で止まるAちゃん。え？　まだ1分くらいしか経ってないけど、ほんとにイッたのか？　股間はあんまり濡れてないみたいだけど。

「イッたの？」

「うん…ウフフ」

よし、攻めるなら今だ。押し倒せ！　と思ったら、サッと腕をほどかれた。

「ちょっと背中に汗かいちゃった。エヘヘヘ」

笑いながらそそくさと体勢を変え、ちょっと距離を置いている。あれ？　なんか想像と違うリアクションだな。フニャフニャになってしなだれかかってくるハズだったのに。

結局、微妙な距離を置いた対面の姿勢で、俺のチンコを触り始めるAちゃん。普通にお仕事の続きを始めるつもりみたいだ。

試しに彼女の股間に手を伸ばしてみると、カラッカラに乾いてる。さっきのイっちゃうイッちゃう！　は演技だったのかも…。

結局、その後、どこを触ってもいい反応がないままで、乳首を舐めていいかと尋ねれば「ダメですよ〜」、入れさせてとお願いしても「ウフフ、ダメですよ〜」と、まったくもってとりつくシマなし。ダメだこりゃ。

お金を払わないと何もさせてもらえない仕組み

2人めは、老舗オナクラに所属するBちゃんだ。25歳と少々年齢高めだけど、色白の巨乳ちゃんでソソる雰囲気。この娘で行ってみましょう。

予約して、指定の狭いレンタルルームに入るや、わずか30秒ほどでドアがノックされた。

来るの早いな。まだ電マをセットしてないのに。

「あ、こんにちは…。よろしくお願いします」

ドアを開けると、黒髪で色白の化粧っ気の薄い女の子が立っていた。若いころの三田寛子似の和風美人さんで、キョドった感じが新人ぽくてなんともリアルだ。エロそうな雰囲気がビンビンしますよ。

「どうぞどうぞ。Bちゃん、この業界は入ってどれぐらいなの?」

「あ、あの、3回め…、というか今日で3日めです。フフ」

つい最近までOLさんをしていたそうで、別の会社に就職が決まるまでの間、就活しながらお金を貯めるため、ここで働くことにしたんだそうな。
素晴らしい。ほぼ新人ちゃんと言って差し支えないでしょう。
「3日間やってみてどうだった？」
「あの、勇気を出してって感じで始めたんですけど…、やっぱり怖いじゃないですか。でも、皆さん優しくて、感動しました」
当初はデリヘルも考えたが、何日も悩んだ結果、やっぱり怖くてライトな手コキ店にしたんだそうな。
うん、なんだかすごくいい娘っぽいし、ドMっぽくもある。ぜひともハメさせていただきたいものだ。
「あの、こういうのがあるんですけど…、オプションつけますか？」
ここでもオプション表が出てきた。ざっと目を通したが、やはり電マオプションはない。今回もプレイの途中で取り出そう。
ひとつ気になったのは、キスやおっぱい舐めなど、やたらと細かいプレイもオプション料金になっていたことだ。お金を払わないと何もさせてもらえない仕組みなのか。このあたりも、電マの力を借りて、どうにかクリアしたいところだ。とりあえずヌードオプションだけつけて、プレイ開始！

「では、よろしくお願いします」
「こちらこそ」
いきなり電マを出すのもなんなので、上を脱がせておっぱいから攻めてみよう。
Dカップはありそうな大きめの胸をサワサワしつつ、乳首に指が触れると（タッチは

乳首の感度はかなり良好（しかもタダ）

タダ)、「んんっ」といい声を出してカラダがビクッと反応する。感度はいいみたいだ。

「あ、ダメ。ゴム。ゴム…着けて…」

よし、ちょっと早い気もするけど、電マの助けを借りるとしよう。

「あのさ、実は電マを持ってきてるんだけど」

「え?」

「電マって知ってる?」

「あ、はい。見たことはありますよ。ハハハ、持ってきたんですか?」

「うん、コレなんだけど」

「あーハハ、知ってます知ってます!」

「ちょっと試してみてもいい?」

「あ、はい。いいですよ」

よし、オプション料金なしでOKがもらえたぞ。

コンセントを差し込み、スイッチオン。ブブブ…と例の振動音が部屋の中に響く。

「じゃ、横になってみて。最初は軽く当ててみるから」

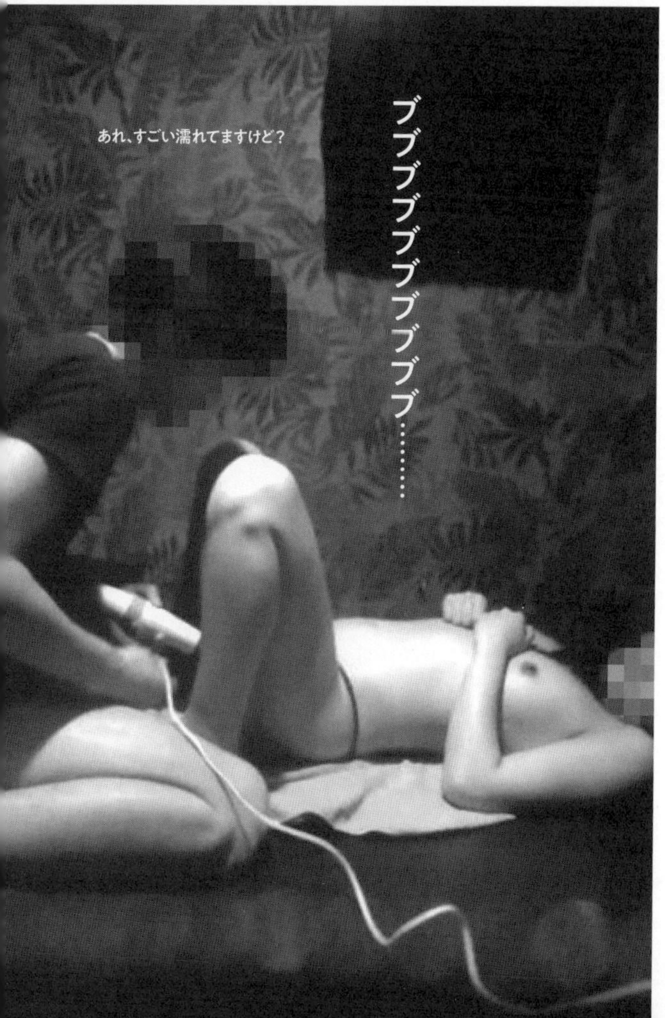
ブブブブブブブブブブ……
あれ、すごい濡れてますけど？

「はい…」

緊張気味のBちゃんの股間に、まずはパンツの上から当ててみる。

「あっ…あっ、ああ…」

小さく身体を震わせながら喘ぎ声が漏れる。なかなかいい反応じゃないか。

「あっ、ああ、き、気持ちいいです。ハハハ、あっ…」

ほんの十数秒あてがっただけなのに、パンツの真ん中にシミができてきた。すごい濡れてるじゃん。

「気持ちいい?」

「はい。あっ、すっ、すごい、気持ち、いいです、あっ、ああ」

本当に気持ちよさそうだ。よし、このまま攻めつづけてみよう。

ブブブブ…

「ああ、ヤバイ、気持ちいいっ、ああっ、あああっ」

顔を手で覆いながら、カラダをビクビクさせまくるBちゃん。このままイカせてあげよう。

「ああ…、イクッ、イキますっ…」

全身をガクガクさせてイッてしまった。これは演技じゃなさそうだな。

「はああ〜、イッちゃいました…。はあ、はあ」

パンツを脱がし、股間を触ってみる。クリと陰唇がビッチョビチョだ。
「うわー、すごい、クリもマンコも膨らんでるよ」
「ああ…、恥ずかしい…です」
すかさず覆いかぶさってキスをかましてみたら、すんなり受け入れてくれるどころか、ベロベロと舌も絡ませてきた。キスオプションは無料でクリアだ。
そのまま空いた手で乳首をコリコリ。よしよし、また喘ぎ声が漏れてきたぞ。これは、このまま入れられるんじゃないか？　キスをしたまま勃起チンコを股間にあてがってみた。
「え…、あ、ダメ。ゴム、ゴム…着けて…」
よっしゃ〜！　これぞ電マパワーですよ。
持参のゴムを着けて、狭いベッドの上で正常位で合体だ。
と、めちゃくちゃ締まりが凄い！　夢中でガンガン腰を打ちつけていたら、あまりの気持ちよさに2分ほどで発射してしまった。一度も手コキしてもらわなかったけど、大成功！

なんだ、意外とヤリまくってるのかな

続いての新人手コキ嬢は、在籍嬢が20歳前後の美少女ばかりとの触れ込みで、出勤表

合体成功!
これが電マの威力だ!

に20人以上がずらりと並ぶ有名店から選んでみた。

3人の新人ちゃんの中で、すぐに遊べるのが身長150センチと小柄なCちゃんだ。目線入りのプロフ写真でも、ひと目で美少女だとわかる雰囲気。お店側の説明にも「激カワ美少女の入店が決定しました！」とアゲアゲのコメントが書いてある。

予約を入れ、指定のホテルで電マをテレビの横にセットし、待つことしばし。ドアがコンコンと鳴った。来ましたよ〜。

「こんにちは〜」

「どうぞどうぞ」

「えへへ、お邪魔します。よろしくお願いします」

現れたのは白いレースのワンピースを着た、その辺のアイドルグループにいてもおかしくないレベルの小顔の美少女だった。すごいぞ、さすがは有名手コキ店だ。

「いや〜、可愛くてビックリしちゃったよ」

「ウフフ。ありがとうございます。はじめまして、Cです」

そんな舌っ足らずなしゃべり方で、ペコリと頭を下げられたら、おじさん胸がキュンキュンしますよ。

「Cちゃんは、いつからこの業界で仕事してるの？」

「あ、先月の後半ぐらいですね」
「じゃ、はじめて2週間ぐらい？」
「そうですね。出勤は今日で5日目なんですけど」
「もう慣れた？」
「はい、ちょっとずつ慣れてきましたね。ウフフ」
5日目なら、まだ新人ちゃんといっていいでしょう。ちなみに、現在は大学生だそうです。
「男性経験って、どれぐらいあるの？」
「あ〜、どうなんだろ、そこまで多くはないけど、少なくはないです。えへへ」
なんだ、意外とヤリまくってるのかな。電マもやったことあるかもしれないな。

チンコを手で持ってぐいっと押し込んだ…

その後、過去の恋愛経験なんかを語り始めたのはいいんだけど、なかなかプレイに進もうとしないCちゃん。まさか、トークで時間を潰そうとしてないか？
「Cちゃんさ、今日はどこまでできるんだっけ？」

ショートパンツが邪魔ですな

「え〜と、ご相談によりますけども。えへへ。まあ、値段交渉ってことになっちゃいますね」

あれれ、この娘、ピュアっ娘と見せかけて銭ゲバの可能性がでてきましたよ。

「そっかー、そうだよねー」

といいながら、試しに押し倒してみたが、嫌がられない。

服の上からおっぱいをモミモミ。うん、ここまではタダみたいだ。じゃ軽くスカートもめくってみましょう。ズリズリ〜。

あれ？ Cちゃん、ワンピースの中にショートパンツを穿いてるではないか。この上から電マをあてても効果低そうだな。

とりあえず、中に着ていたキャミソールを脱がそうとしたところ、「あ…、あの、いちおう、服を脱ぐのはオプションになるんですけど、いいですか？」

うん、やっぱりお金には厳しそうだな。でもヌードオプションの5千円を払えば、ショートパンツも、その中のパンツも脱いでくれるらしい。ここは払うしかないか。

さて、5千円を払って素っ裸にさせてみたはいいが、乳首を舐めようとしたら「それもお金が…」、ならばとクンニにトライすれば「それもお金が…ウフフ」とオプション料金を求めてくる。これはいよいよ電マのチカラを借りるしかなさそうだ。

「あ、そこに置いてあるの電マだよね。使ったことある？」

「あ、ないです」

「じゃちょっとだけ使ってみない？」

「うん」

よし。電マ出動だ。さて、どうでしょう？

ブブブ…

「んん…、ん…」

かすかな喘ぎ声をあげるCちゃん。あんまり気持ちよくないのかな？

「ん、ん、ん、あ〜！　あ〜！」

よし、段々声が大きくなってきた。さらにブブブ…

イッちゃう！
イッちゃう！
再び電マ登場！

「んん〜ん！ んん〜！」

よし、いい感じみたい。スキを突いておっぱい舐めに再チャレンジだ。ペロペロ〜

「ああ！ んん〜ん！ んん〜！」

よし、おっぱい舐めはタダで成功！

「んん〜ん！ んん〜！ ああっ、イッちゃう！ イッちゃう！」

カラダをビクビクさせて絶頂を迎えた。ビクビクカラダを痙攣させてるタイミングでクンニも再トライだ！ ペロペロ〜。

「んん〜！ んんん〜!!」

これもタダで成功！ よし、このままの勢いでチンコも入れちゃうぞ！

覆いかぶさって勃起チンコを濡れ濡れマンコにあてがう。まだ拒否られない！ よし、チンコを手で持ってぐいっと押し込んだその瞬間、

騎乗位手コキでフィニッシュ
残念!!!

「あ、ダメ…」
カラダをぐいっと引いて、思い切り逃げられた。惜しい！ 先っちょは入ったのに！
「ダメなの？ ちゃんとゴム着けるよ」
「ごめんなさい、入れるのはダメ…です」
頑なな感じで拒否られてしまったぞ。なんだよ、ここまで来たのに。結局、騎乗位スマタのような体勢の手コキで抜かれてしまった。
帰り際、身支度しているCちゃんに、ほかの客に挿入させたことがあるのかと尋ねたところ、
「絶対に最後まではしないって決めてるんですけど…、50万円を払ってくれたオジサンとはしちゃいましたね…」
と告白してくれた。
とてもじゃないが、電マごときじゃ勝ち目ないですわ。

すべての愛撫はゆっくり&弱くが正解

ずっと念頭に入れておいてください。愛撫は常に「ゆっくり&弱く」です。キスも乳首吸いも手マンもクンニも、あらゆる愛撫はスローリーでソフトにしておけば間違いありません。男は興奮するとつい激しくなるものなので、ずっと意識しておくべし。

最初のキスに10分費やしてみる

これまでのことを思い出してみてほしい。女とセックスする際、最初に起こすアクションはキスのはずだが、そこにどれだけの時間を割いてきたか。おそらくキス好きを自認する人でもせいぜい3分がいいところで、すぐに別の愛撫へ移行しているように思われる。これではあまりに短くて全然ダメだ。長くねちっこいキスほど、女性の脳をトロトロにさせるというのは、科学的な見地からいっても事実らしく、私の経験則に照らし合わせてもまず間違いない。キスの推奨時間は10分。舌を絡ませるのに飽きたら、互いの歯茎を舐めあってもいいし、唾液交換するのもいい。とにかく、唇を長く重ね続ければ、その後の愛撫や挿入で、驚くほど女は乱れるだろう。

SEXが100倍
気持ち良くなる方法

愛撫は外から内側へ向かって最後に股間

「気が逃げる」なんて気功師みたいなウサンくさいことを言うつもりはないですが、どうも人間の体は、内から外ではなく、先端から内側に向けてマッサージするほうが気持ちいいみたいで。メンズエステでも、頭やつま先、手の指から揉んでいって、最後の最後に股間にくるのは理にかなってるんじゃないかと。なので女性への愛撫も、外から中へ、を意識したほうがいいですね。で、ラストにマンコにたどりつくころにはビシャビシャになってる寸法です。

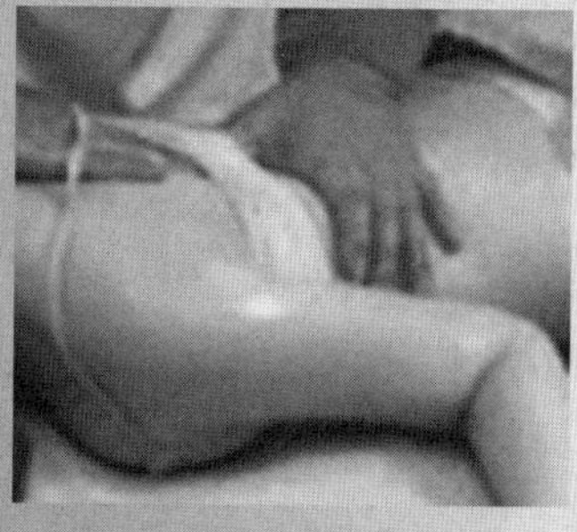

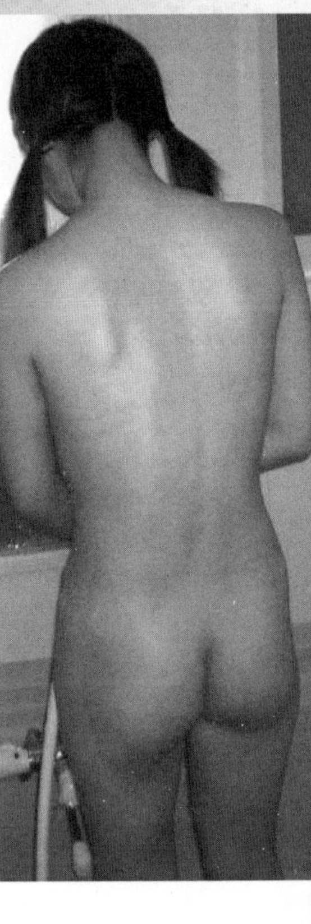

快楽の宝庫、背中を重視すべし

女の体をイジクリ回すとき、我々はついつい前面ばかりに気が向いてしまう。おっぱいのせいでしょうかね。しかしこれからは背中を重視してほしい。人間の体というのは、触るとくすぐったい場所が快感につながるので、背中は快楽の宝庫なのだ。肩甲骨、背骨、その他もろもろを徹底的に愛撫してやろう。おっぱい側ばっかり好きだなんて、まだ子供ですよ。

SEXが100倍
気持ち良くなる方法

ラブホの風呂でガチで体を洗ってみる

女とラブホの風呂に入るときって、洗いっことかでも、せいぜい手にソープをつけてヌルヌルしあう程度ですよね。下手すりゃ各自で股間だけささっと洗って、湯船につかるだけで終わりだったり。今度試しに、備え付けのスポンジやシャワータオルでゴシゴシ全身を洗ってみてください。銭湯のようにです。ラブホでそんなのしたことないでしょ。完全にキレイさっぱりしたところでプレイに入ると、かつて味わったことのない新鮮味があります。横丁の風呂屋から戻ってきた貧乏大学生の同棲セックスのような。新しい感覚が好きな方はどうぞ。

マンコを攻めるときはうつ伏せで

マンコを責めるとき、最も正しい女の姿勢は、うつ伏せ、これ一択です。考えてもみてください。男はマンコをM字におっぴろげて恥ずかしい恰好をさせたがりますけど、それじゃあ快感に集中できるはずありません。私がイメージするのは、マッサージ店の姿勢です。うつ伏せにして、後ろからマンコの内部を指でクニクニと、いじります。するとどうでしょう。女の方から「あ、もうちょっと上」「そうそう、そこを強く」といった風に注文をつけてくるのです。まるで整体で肩こりを治療するかのごとく！　責めるときはうつ伏せ、これテストに出ますよ！

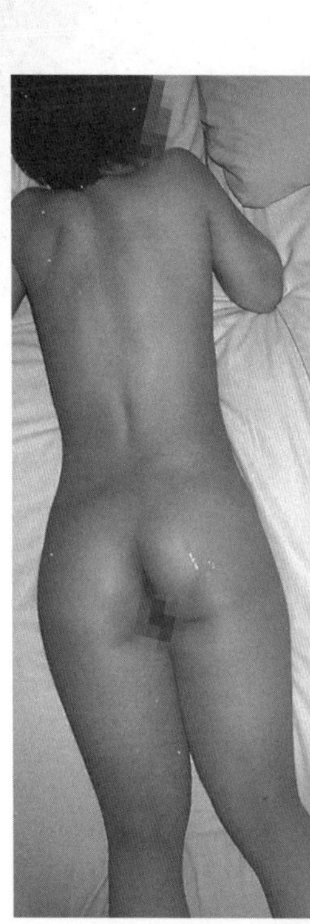

SEXが100倍
気持ち良くなる方法

性器の中心に行く前にそけい部を10分舐める

女性器を愛撫するときは焦らせばイイってな話をよく耳にしますが、具体的にどう焦らせばいいのか、悩んでしまう人はけっこういるかと思います。ベストな方法を教えましょう。まずは太ももの付け根、いわゆるソケイ部を10分舐め続けるのです。いいですか、舌がツリそうになっても、飽き飽きしても、とにかく10分、ソケイ部をしつこく舐めてください。女としてはタマらないですよ。ソケイ部自体が敏感な場所なので、舐められている間はすごく気持ちいい。同時にいつ中心部を舐めてくれるのかしら、はやくしてほしい！ という期待がどんどん膨らんでいきますから。そこでようやくクンニです。イキやすい女なら秒殺ですよ。

クリを手コキしてやるという新発想

一般的なクリトリスの刺激法は、舐めるか、指でやさしくいじるかの2つしかありません。なので僕から提案したいと思います。クリの根本に指を押し当て、ソフトに圧迫しながらクリの頭に指をずらしていくってのはどうでしょうか。クリが男のチンコに相当する部位だとすれば、クンニはフェラ、指でいじるのは亀頭を指で刺激するのと同じ。ならばクリへの圧迫は、さしずめ手コキといえます。実際、これをやると女はマジで感じます。僕の歴代のセフレたちは「こんな感覚、初めて！」と大喜びしてました。皆さんもぜひ。

愛撫中のツバはいっさい飲んではいけない

僕が言いたいのは、愛撫中は絶対にツバを飲み込むな、ということです。ま、クンニやフェラのことなんですけど、せっかく口の中に出てきたツバを無意識のうちに飲み込んじゃってる人が男女ともに多い。あれはもったいない！　性器ってのはヌルヌルしてるほうが気持ちいいんだから、もっと唾液をローションのように使うべきなんです。先ほど「無意識」と書きましたが、ツバってのは意識的に「塗りつける」ぐらいに思っておこないと、つい口の中に回収してしまうもんです。「ツバはすべて外に！」という意識で愛撫しましょう。

手マン&クンニは90度の角度をつける

クンニでクリを愛撫しつつ、手マンでGスポットを刺激する、これぞ究極のショータイム、二刀流責めです。でもマンコの正面から、クンニと手マンを同時にやろうとすると、アゴの下から指を入れなくちゃいけないので、とっても窮屈。そんな時は女の身体に対して90度横、広げた太ももに沿ってクンニをして、手マンは口の横からやれば、スムーズに同時責めができちゃいます。盲点だったでしょ?

女が喜ぶめっちゃスケベな前戯

2人でベッドの上に座って、後ろから女を抱きかかえる体勢になります。脚をパックリ開いて、ローターでクリを攻める。そのうち、ローターを女の手に握らせて、自分は手で女の髪をなでたり、指を口にくわえさせたり。キスをしてもいいです。イメージできたでしょうか。この、オナらせながら、背後からソフトに愛撫というめっちゃスケベな前戯、女はかなり喜びます。

フェラの後、ディープキスで愛情表現

フェラした後にキスを求めてくる女ってのは極端に少ない。あれ、おそらく勘づいてるんでしょう。フェラの後のキスは避けられるって、これまでの経験から学習してるんです。ま、自分のチンポと間接キスしたい男なんていないわけだし。なので、だからこそフェラの直後に濃厚なキスをかましてやるってのはどうでしょう。頭でもナデナデされれば、女は当然こう思うはずです。この人、本当に私のこと好きなんだな。愛情を受ければ、その後のプレイもいい具合になりそうなもんです。

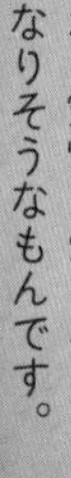

SEXが100倍
気持ち良くなる方法

逆69はアナルを舐め合う体位だった

男が上になる「逆69」の形は、チンコの角度が女の口に合わないため、純粋な69には向いていません。ところがどっこい、互いにアナルを舐め合うにはこれほどいい体位はありません。女の目の前には男のアナルがあるから舐め放題、男はまんぐり返しで舐め放題。もちろん女の頭には高めの枕を敷いてあげましょう。

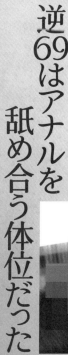

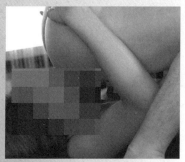

チンコを入れつつ足裏をペロペロしてやる

正常位で挿入した際、女を興奮させるために、男は口をどこに持っていくべきか。キス？ オッパイ？ 脇？ いいえ、正解は女の足指です。ヨダレを垂らして、親指から土踏まず、カカトまで、全体をベロベロとしゃぶりつくしてあげましょう。「うう〜、そんな汚いところ舐めないでよ〜」と恥辱の表情を浮かべること間違いなしです。

暗闇バッククンニはおそろしい効果を生む

暗闇、四つんばい、後ろからクンニ。この三つを組み合わせてください。おそろしい効果があらわれます。この三つ、どれも女にとっては「不安、だけど興奮」という種類のものでして、なにかを狂わせるスイッチになるんです。部屋を真っ暗にして、バックの体勢にさせて、ケツ側からペロペロ。ぜひどうぞ。

足ピンオナニー派を絶頂に導く体位は？

女が普段オナニーしている姿勢に近い体位の方が、オーガズムに達しやすい、というのは広く知られていますよね。じゃあ、具体的にどんな体位がいいのか。足ピンオナニーをする女に効果的な体位がこの「しめ小股」です。女を仰向けで寝かせ、足をまっすぐ伸ばして少し開き、その上から男が覆いかぶさって、挿入する体位です。ちょっとコツが必要ですが、人並のチンコの長さがあれば、充分挿入できるはず。

女が足ピンしてる姿勢で腰を動かせるので、あっという間に絶頂してくれちゃいます。

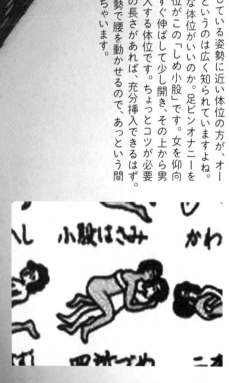

小股はさみ
かわ

SEXが100倍
気持ち良くなる方法

スローセックスをワンワンスタイルでやってみる

スローセックスの手法として、ペニスを膣に挿入してからしばらく静止するってのがあります。ずっこんばっこんせずに、中で止まって、互いに性器の形や温度を味わいあうんです。じっくりつながることで、気持ちと体を高めるんですね。たいてい、これって正常位や座位、あるいは横になる側臥位でやるもんなんですが、あえてワンワンスタイル、いつものバックでやってみるのもありです。普通ならバックで入れたら、ケツをつかんでガシガシ突くもんですし、女もそう思ってるはずですが、虚を突いてピタッと止まるわけです。尻や背中をゆっくり撫でながら。しばらくすると女が低くうめいて、尻がピクピク動いてきますよ。

クリをいじるとき、いつものオナニー体勢にさせる

多くの女性は、お腹の中の胎児のように、横向けで背中を丸めてオナニーしているそうです。声を押し殺してひっそりと。その体勢ならイキやすい、いや、もはや癖になってて、その体勢じゃないとイケないぐらいになってる子もおるんです。だからクリいじりのときは、あえて胎児の体勢にしてあげて、背後から、ケツの下側経由でいじくりまわせばいいのです。

「どこに入れてほしい?」より「どこに入ってるの?」が答えやすい

「オチンチン」だとか「アソコ」だとか言わせたいときには、「何を入れてほしいの?」「どこに入れてほしいの?」という質問だと厳しいです。もちろんその質問で答えて欲しいのはわかるんだけど、女に照れがあって、なかなか口にしてくれない。なので確実に聞き出したいなら「何が入ってるの?」「どこに入ってるの?」です。願望ではなく目の前の現実に答えるだけだから、女も言いやすいんですね。

SEXが100倍
気持ち良くなる方法

マンコがきゅっと締まる酸欠プレイの安全なやり方

マンコの締め付けをフルに味わいたいなら、酸欠プレイは欠かせません。名前からして危なっかしそうですが、ご安心を。まず用意していただくのは、ビニール袋。これを女の頭から被せてセックスするわけですが、1分毎に外して、また被せて。間隔を空けてプレイすれば、危険なことは起こりません。5、6回ほど繰り返せば、女の呼吸もだんだんと荒くなってきます。ハアハア…と息苦しそうになったところでビニールを外して、ピストンを加速。酸欠の影響で、マンコの締め付けがキツくなるので、チンコがギュッと押しつぶされるような快感を味わえます。女の感度も上がりますよ。とにかく危険のないように!

感謝を込めてお掃除クンニしてあげよう

お掃除フェラって嬉しいですよね。愛情を感じるというか、お疲れ様って言われている気がします。だから僕も日頃の感謝を込めて、お掃除フェラならぬ、お掃除クンニを始めました。つまりセックスした後に、舐め犬スタイルで奉仕するのです。もちろん最初は気が引けました。なんせ自分のチンポが入った穴を舐めるわけですし。それでも慣れてくれれば、ピクピク、クパァと半開きのマンコがクセになってきます。これはセックスした後じゃないと味わえません。女もマグロのように体をピクつかせるので、かなり喜んでるみたいですね。

「エッチな顔になってるよ?」で本能むき出しに

女を大胆にさせる言葉責めをひとつお教えしましょう。それは、「エッチな顔になってるよ」。やだー、と言いつつも女は思うんです。すでにエッチな顔になってるんだったら、今さらカマトトぶっても遅いわけで、それならば本能むき出しになろうか、と。普段は冷静で取り澄ましてる女に、ぜひとも使ってください。

SEXが100倍
気持ち良くなる方法

騎乗位で気持ちいい部分を一緒に探す

騎乗位を苦手にしている女は多い。どう動けばいいのか、というかそもそもこれって、私ちっとも気持ちよくないんだけど？　そんな女が本当に多いのだ。なので騎乗位に入るときは、これまでのずっこんばっこんの流れをいったんストップすること。あわてずに、ゆっくり入れたり抜いたり、さらに前後左右に動いたりしながら、気持ちいい部分を探す作業をのんびりやってみるべし。「一緒に探す」ことで女のプレッシャーもなくなる。

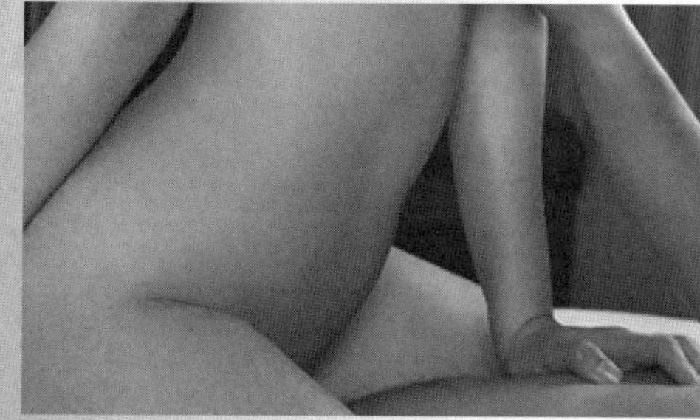

増補改訂版

目からウロコのSEXテクニック

2022年2月15日　第1刷発行

編　者　裏モノJAPAN編集部［編］
発行人　稲村　貴
編集人　平林和史
発行所　株式会社 鉄人社
〒162-0801 東京都新宿区山吹町332
オフィス87ビル3F
TEL 03-3528-9801　FAX 03-3528-9802
http://tetsujinsya.co.jp/
デザイン　鈴木　恵（細工場）
印刷・製本　新灯印刷株式会社

ISBN978-4-86537-231-1　C0176

本書は以下の雑誌を再編集し、文庫化したものです。
文庫化にあたり、加筆・修正を行なっています。
『目からウロコのSEXテクニック』（小社刊、2015年12月発行）
『思わずヒザを打つSEXテクニック』（小社刊、2017年11月発行）
『文庫版 目からウロコのSEXテクニック』（小社刊、2018年5月発行）
『裏モノJAPAN』2021年9月号 特集「SEXが100倍気持ち良くなる方法」